COURS ABRÉGÉ

DE

LÉGISLATION POPULAIRE

OU LE

NOUVEAU ET PARFAIT GUIDE EN AFFAIRES

LE VRAI LIVRE DE CONSULTATIONS

À L'USAGE DES FAMILLES

PAR ROMAINVILLE

SUIVI D'UN

DICTIONNAIRE EXPLICATIF

DE CERTAINS TERMES DE JURISPRUDENCE

BOURG
IMPRIMERIE AUTHIER ET BARBIER

1883

COURS ABRÉGÉ

DE

LÉGISLATION POPULAIRE

OU LE

NOUVEAU ET PARFAIT GUIDE EN AFFAIRES

PREMIÈRE PARTIE

Des servitudes, d'après les meilleurs jurisconsultes.

NOTIONS PRÉLIMINAIRES

1. On appelle servitudes, des charges auxquelles est assujetti un propriétaire à l'égard du propriétaire voisin. Par exemple, si, en vertu de conventions particulières ou par prescription, mon voisin a acquis le droit de puiser dans mon puits, il en résulte que mon puits est grevé d'une servitude.

2. Les droits qu'on a acquis sur la propriété de son voisin ne peuvent être vendus, ni donnés, ni loués séparément, mais seulement avec l'immeuble qui en profite.

3. Le droit de servitude n'implique pas le droit de propriété. Ainsi, si, par un titre quelconque, je suis reconnu propriétaire de tel ou tel puits, de telle ou telle cour, de tel ou tel chemin,

le propriétaire voisin, à défaut de titre, ne pourra se déclarer propriétaire indivis, bien que par prescription ou de toute autre manière il ait acquis le droit de puiser dans mon puits, de passer dans mes cours, ou de se desservir par mon chemin.

4. D'autre part, si mon voisin ni moi n'avons de titre de propriété au sujet des choses dont nous avons l'usage ensemble, tels que puits, four, passage, allée, etc., la propriété de ces choses est censée appartenir à celui qui les a entretenues, et à tous les deux, si elles ont été entretenues à frais communs.

5. Tout acquéreur d'un bien grevé de servitudes doit les souffrir, lors même qu'il l'aurait acheté sans charge, si le propriétaire qui a la jouissance de ces servitudes veut en user. Dans ce cas, le vendeur est tenu d'indemniser l'acquéreur, si dans l'acte de vente il a déclaré que le bien vendu n'était grevé d'aucune servitude. L'acquéreur a même le droit de faire résilier la vente, si les servitudes non déclarées sont assez graves pour donner à supposer qu'il n'aurait pas acheté s'il en avait eu connaissance.

6. Celui qui a l'usufruit d'un bien a droit de jouir des servitudes dues à ce bien, comme il est obligé de supporter celles dont le fonds est grevé.

7. Nul ne peut établir des servitudes qui ne seraient d'aucune utilité possible, prochaine ou éloignée. Ainsi, celui qui vendrait une maison ne pourrait stipuler qu'elle ne dépassera jamais telle hauteur, si cette réserve n'est pas profitable à des maisons voisines dont il est propriétaire.

8. Celui qui doit une servitude à un fonds peut concéder le même droit à un autre. Ainsi je dois à Pierre le passage sur ma propriété, je suis libre d'accorder le même droit de passage à Joseph, même contre la volonté de Pierre, s'il n'y a aucun inconvénient pour ce dernier. Mais si, par exemple, Pierre avait droit de puisage dans mon puits, Pierre pourrait s'opposer à ce que le même droit fût accordé à une autre personne, s'il était en mesure de prouver que le puits ne peut fournir à tous la quantité d'eau nécessaire.

9. Celui qui jouit de certains droits sur la propriété d'autrui doit en user avec modération. Par exemple, si un titre lui donne le droit de faire écouler ses eaux par mes cours, il ne doit pas y faire passer des eaux corrompues, à moins que son titre ne lui donne ce droit.

10. Pour exercer son droit on doit toujours employer la manière la moins incommode au propriétaire du fonds. Ainsi celui qui aurait simplement droit de passage à travers un jardin, ne pourrait, contre la volonté du propriétaire du jardin, faire empierrer ou paver ce passage sous prétexte de le rendre plus commode, parce que le passage n'ayant pas été désigné pour un chemin pavé, le propriétaire peut prétexter que ce pavage nuirait à l'agrément de sa propriété ; mais s'il s'agissait d'une amélioration utile ou rendant le passage plus agréable, comme par exemple de le faire sabler, le propriétaire du fonds ne pourrait s'y refuser.

11. Sauf convention contraire, l'établissement d'une servitude et sa conservation sont aux frais de celui à qui elle est due. Ainsi, en vertu d'un acte que nous supposerons remonter à 20 ans, Pierre a droit de passage dans mon bois. Jusqu'à ce jour il n'en a pas profité. S'il veut jouir de ce passage, Pierre devra l'établir et l'entretenir à ses frais. Il y a plus, car si par exemple Pierre a le droit d'avoir un empellement ou un batardeau sur le cours d'eau, dans ma propriété, et qu'il arrive qu'un événement de force majeure dégrade cet empellement ou ce batardeau et que ma propriété en souffre quelque dommage, Pierre peut être condamné à faire les réparations nécessaires ou à détruire l'empellement ou le batardeau, s'il refuse de s'exécuter.

12. Quand on veut faire des réparations on doit le notifier au propriétaire du fonds avant d'introduire les ouvriers et s'arranger de manière à causer le moins de dommage possible à la propriété. En pareille occurrence, le propriétaire peut faire fixer un délai pour l'exécution des travaux et exiger des dommages-intérêts en cas de retard ou de dommage à sa propriété.

13. Celui qui fait exécuter des réparations ne peut profiter de cette occasion pour changer l'état des lieux, soit à son avantage, soit au détriment de la propriété grevée de la servitude.

Pour éviter toute contestation, il est fort à propos, avant de commencer les travaux, de faire constater, en présence des parties intéressées, l'état dans lequel se trouvent les lieux.

14. Si, dans l'exécution des travaux, on se trouve dans la nécessité d'occuper, pour contenir les matériaux, une étendue de terrain plus grande que celle assignée, le propriétaire du fonds doit le souffrir et ne peut pour cela réclamer aucune indemnité.

15. Si le droit de passage ou de puisage doit s'exercer à une époque ou à une heure déterminée, cette époque ou cette heure ne peut être changée.

16. Il n'est pas permis d'étendre l'usage de la servitude à des fonds autres que celui en faveur duquel elle a été établie. Ainsi, Pierre a droit de passage au nord de ma terre dite des Plaines ; s'il arrive que j'achète la terre voisine, Pierre n'aura pas le droit de passage sur cette terre, à moins de conventions expresses.

17. Le propriétaire qui doit le passage à un autre dans son pré, peut convertir ce pré en terre en respectant le passage dû.

18. Un propriétaire peut bâtir même sur le passage dû ; mais, dans ce cas, à l'endroit même où était le passage, il devra, à cet effet, laisser une allée de même largeur dans son bâtiment.

19. Lorsqu'un titre qui accorde un droit de passage, dont on n'a pas profité dans le principe, mais que l'on veut exercer, n'indique pas dans quelle partie de la terre ou des cours le passage doit être établi, qu'il n'y est pas fait mention de la largeur, chacune des parties peut contraindre l'autre à un règlement par voie d'expertise.

20. Si celui qui a acquis le droit de tirer de l'eau dans le puits de son voisin pour l'usage habituel de sa maison, laisse, par exemple, trois enfants à son décès, ayant chacun leur

ménage, le propriétaire du puits aura droit, s'il le juge à propos, de faire régler à l'amiable, ou en justice, la quantité d'eau que chacun des héritiers pourra prendre, d'après ce qui est à présumer que leur père employait à son usage, de manière que le droit de puisage reste ce qu'il était dans le principe, parce qu'il ne leur est pas dû à chacun une servitude, mais à eux tous en commun.

21. Lorsqu'il arrive qu'une propriété qui a vue sur le voisin, et qui est composée de maison d'habitation, de bâtiments d'écurie et remises avec clos attenant, se partage entre plusieurs héritiers, celui seul qui a eu dans son lot le bâtiment d'habitation peut conserver le droit de vue. Ceux qui ont obtenu le reste des bâtiments n'ont le droit d'ouvrir des croisées donnant vue sur le voisin, qu'à la distance légale.

22. A moins de conventions contraires, celui qui doit un passage n'est pas obligé de le réparer s'il n'en fait pas usage. Si ce passage est bordé de murs, le propriétaire qui doit le passage peut obliger celui qui en jouit à contribuer pour sa part à la réparation des murs.

23. Si, par suite de conventions particulières, celui dont le fonds est grevé d'une servitude est tenu d'entretenir les lieux à ses frais, il ne sera pas tenu de faire les réparations nécessaires si les dégradations ont été occasionnées par la faute de celui à qui la servitude est due.

24. Il est des cas où un propriétaire qui doit un passage peut obtenir de la justice l'autorisation de le changer de place, c'est lorsque ce changement lui est réellement avantageux, tout en offrant la même commodité à celui à qui le passage est dû.

Ainsi, supposons que le propriétaire d'une maison ait un droit de passage à pied dans une allée de celle de son voisin. Ce voisin, voulant agrandir la pièce voisine de l'allée, peut être autorisé à disposer de l'allée à cet effet, et à convertir la porte d'entrée en croisée, mais à la condition qu'il établira une autre allée tout à côté de la première et que la porte d'entrée sera dans la même direction que la première. Celui à qui le droit de passage est dû n'a aucun intérêt à s'opposer à l'amélioration demandée. De même, celui qui voudrait clore son terrain où il y a un droit de passage, pourrait obtenir des tribunaux de changer ce passage de place, si ce changement n'est pas préjudiciable aux intérêts de celui à qui le passage est dû. (Art. 701 du Code civil.)

25. Celui qui est tenu de recevoir sur son terrain les eaux du toit de la maison de son voisin peut s'arranger de manière, s'il le juge utile à ses intérêts, à les amener dans un seul tuyau de descente à l'aide de chanées qu'il peut fixer à ses frais au toit de son voisin, sans que celui-ci puisse s'y refuser, s'il ne prouve qu'il en résulte des inconvénients pour lui.

26. Celui qui, en vertu de conventions particulières, est tenu de laisser établir un canal ouvert dans sa propriété pour l'écoulement des eaux, a le droit de le voûter à ses frais, et même de faire passer l'eau par des tuyaux souterrains, si celui à qui le canal est dû n'éprouve aucune diminution dans le volume de l'eau, ni aucun changement dans la rapidité du cours. Le possesseur du canal ne pourrait avoir le droit d'en faire autant sur la propriété de son voisin, parce que ce dernier peut prétexter qu'il a cet avantage qu'il peut en puiser l'eau et que la fraîcheur qu'elle dégage est favorable à la végétation. Ce prétexte est d'autant plus plausible, qu'il serait injuste de lui enlever cette légère indemnité de son assujettissement.

Des eaux.

27. Aux termes de l'article 641 du Code civil, celui dans le fonds duquel existe ou naît une source a le droit d'en user à sa volonté. Il peut la faire disparaître ou en transmettre les eaux à titre de vente, donation, etc.

28. Les eaux de pluie sont au premier à qui la disposition des lieux permet de les prendre.

29. Le propriétaire d'un terrain inférieur aurait-il joui

pendant plus de trente ans des eaux provenant des terrains situés en amont du sien, que le propriétaire de ces terrains aurait le droit de les arrêter pour les utiliser avant lui.

30. Tout propriétaire a le droit d'amener sur son fonds, pour les utiliser, les eaux de pluie des chemins qui longent sa propriété, en se conformant toutefois aux prescriptions de la police sur les chemins.

31. Tout propriétaire d'un fonds inférieur est tenu de recevoir les eaux provenant *naturellement* du fonds supérieur et n'a pas le droit de les faire refluer sur ce dernier fonds. Mais celui qui, pour quelque usage que ce soit, emploierait dans sa maison ou sur son fonds de l'eau qu'il tirerait d'un puits ou d'un réservoir ne pourrait la faire écouler ensuite sur le fonds de son voisin sans la permission du propriétaire.

32. Si le propriétaire d'un fonds supérieur a fait sur ce fonds des ouvrages tels que les eaux se trouvent détournées de leur cours naturel et viennent, par suite de ces ouvrages, couler sur le fonds du propriétaire inférieur, ce dernier peut se refuser à les recevoir.

33. A moins de conventions spéciales avec le voisin, on n'a pas le droit de faire passer sur son terrain les eaux qu'on voudrait employer à l'irrigation d'une propriété. La nature des choses, l'état des lieux ne commandent point que l'héritage de l'un supporte le passage des eaux pluviales destinées à fertiliser le fonds d'un autre.

34. L'administration supérieure a le droit d'autoriser, dans une propriété quelconque, le passage d'un canal destiné à des irrigations d'un intérêt général, ou à alimenter un moulin reconnu de toute nécessité dans la localité ; le tout moyennant indemnité.

35. Le propriétaire d'un fonds supérieur traversé par un ruisseau ne doit pas rétrécir le lit de ce ruisseau à sa sortie de son fonds, si ce rétrécissement doit faire précipiter les eaux avec plus de violence sur le fonds inférieur et occasionner ainsi des dommages en dégradant les rives. De plus, si c'est

urgent, il doit laisser faire sur son fonds les ouvrages destinés à rendre le cours d'eau moins rapide et moins incommode, pourvu qu'il n'en résulte aucun dommage pour lui.

36. Le propriétaire d'un fonds supérieur a le droit d'établir des rigoles d'assainissement et de diriger ces rigoles dans le sens le plus conforme à ses intérêts. Le propriétaire inférieur qui se trouverait recevoir les eaux n'aurait pas le droit de faire changer la direction des rigoles, sous le prétexte que les eaux n'ont jamais été dirigées de son côté. Il a seulement le droit d'exiger que les eaux soient dirigées de manière à lui faire le moins de mal possible.

37. Si les eaux d'un étang inférieur causent des dégâts à la chaussée de l'étang *contigu* en amont, c'est au propriétaire de l'étang inférieur à faire les réparations, à moins que l'étang en amont ait été construit le dernier.

38. Pour la pêche il est généralement admis que le propriétaire de l'étang supérieur ne peut lever la bonde lorsque celui de dessous fait sa pêche; mais ce dernier, dont la pêche doit naturellement se faire avant celle de l'étang supérieur, doit s'y prendre assez à temps pour que la pêche de l'autre ne soit pas trop retardée. Un retard causé avec intention de nuire pourrait être poursuivi en dommages-intérêts.

39. Le propriétaire de la partie supérieure d'un cours d'eau doit éviter d'en rendre les eaux malsaines, soit en y jetant des immondices, soit en y faisant rouir du chanvre, s'il n'est pas autorisé à le faire par les propriétaires inférieurs. Les municipalités ont aussi le droit d'empêcher la corruption des eaux par mesure de salubrité publique, ou pour éviter qu'il y ait destruction complète des poissons et écrevisses qui peuvent peupler un ruisseau quelconque.

40. Le propriétaire d'une source, même quand il n'en tirerait aucune utilité, ne peut être contraint à en céder les eaux que pour cause d'utilité publique.

41. Quand un propriétaire a fait sur un cours d'eau ou ruisseau des ouvrages apparents, c'est-à-dire, des constructions,

pour mieux utiliser le cours d'eau, que ces ouvrages existent depuis trente ans, et que pendant ce temps le propriétaire de la source n'a jamais changé sur son terrain la direction des eaux, le propriétaire inférieur c'est-à-dire qui a fait des travaux apparents, peut, après le temps susdit, empêcher les propriétaires en amont de changer la direction des eaux. Ce qui prouve que la prescription s'acquiert par une jouissance *non interrompue* pendant trente années.

42. Si les ouvrages dont il est parlé au n° 41 ne sont pas apparents, comme des conduits souterrains, le propriétaire qui aurait établi ainsi les choses ne pourrait se dispenser, pour assurer son droit, de s'entendre par convention avec le propriétaire de la partie supérieure du cours d'eau.

43. Celui qui a acquis par prescription ou autrement, le droit de disposer d'un cours d'eau, ne peut obliger les propriétaires supérieurs à le réparer sur leurs fonds quand le besoin s'en fait sentir ; c'est à lui à le faire, et il en a le droit ; cependant si le cours d'eau vient à se combler par un accident de terrains, tel qu'un éboulement considérable, il pourra obliger les propriétaires supérieurs à faire sur leurs terrains les réparations nécessaires pour que les eaux ne changent pas de lit.

44. Le curage des rivières qui ne sont ni flottables ni navigables est à la charge des riverains, qui peuvent y être obligés par l'Administration supérieure.

45. Quand il n'a été donné aux eaux aucune direction déterminée, chacun peut faire ce qu'il croit utile pour défendre son fonds contre les ravages qu'elles peuvent causer, sans avoir à s'inquiéter si cela nuira aux voisins ; à eux de prendre des mesures en conséquence. On doit cependant s'arranger de manière à ne pas faire refluer les eaux.

46. Celui dont la propriété borde un cours d'eau libre, c'est-à-dire qui n'est assujetti à aucune espèce de servitude, peut s'en servir à son passage pour l'irrigation de ses propriétés, à la charge de rendre les eaux à leur sortie de son fonds à leur cours ordinaire.

47. Quoique celui, dont la propriété est traversée par une eau courante libre de toute servitude, puisse la détourner à la seule charge de la rendre à son cours ordinaire, il ne peut, par caprice, la faire serpenter dans son fonds, de manière à toute l'absorber et à en priver totalement les propriétaires inférieurs.

48. Souvent un cours d'eau sert de séparation aux deux propriétaires riverains. Si, en vertu de conventions particulières, un des propriétaires est seul propriétaire du cours d'eau, il a le droit de se servir seul des eaux pour l'irrigation de sa propriété, l'autre n'a que le droit de puisage et d'abreuvage ; il n'a pas même le droit de pêche, seulement il peut empêcher le propriétaire du cours d'eau de lui donner une direction autre que celle qu'il a.

49. Les propriétaires d'un canal qui a été creusé pour amener certaines eaux à une usine ou à un moulin, sont admis à réclamer pour les irrigations le surplus des eaux inutiles à l'usine ou au moulin.

50. Le propriétaire d'un moulin établi sur un cours d'eau naturel, n'a pas le droit, sauf titres et règlements contraires, d'empêcher les riverains de se servir de l'eau pour l'irrigation de leurs prairies.

51. Le propriétaire d'une source n'a pas le droit d'en changer le cours ni de l'absorber lorsqu'elle fournit aux habitants d'un village l'eau qui leur est nécessaire.

52. L'administration peut, contre la volonté de certains propriétaires, autoriser des prises d'eau et en régler la répartition entre les riverains; elle peut autoriser des constructions de moulins et autres usines et ordonner la destruction de ceux de ces établissements qui lui paraîtraient nuisibles.

Des clôtures et des passages.

53. Tout propriétaire est libre de se clore, à moins de conventions contraires.

54. Peut être considéré comme clos tout terrain environné de fossés, de pieux, de treillages, de haies vives ou sèches, ou de murs, de quelque nature qu'ils soient.

55. Tout propriétaire qui se clot, mais qui doit un passage à son voisin, doit laisser ce passage libre.

56. Tout passage peut être établi sur la propriété d'autrui, moyennant indemnité, si ce passage est jugé indispensable. Selon l'usage, le passage à pied doit avoir au moins 1 mètre 30 de large, et le passage pour voiture 4 mètres, ou plus, si c'est reconnu nécessaire.

57. On ne peut, sans permission, passer en aucune manière sur les terres ensemencées, sous peine d'une amende de 1 à 5 fr. Les prairies sont regardées comme terrains ensemencés ; on n'a pas le droit d'y passer sans permission, même après la récolte des foins.

58. Le propriétaire dont les fonds sont enclavés et qui n'a aucune issue sur la voie publique, peut réclamer un passage sur le fonds de ses voisins, pour l'exploitation de son héritage, mais moyennant indemnité en rapport avec le dommage causé. Le passage doit être pris du côté où c'est le moins dommageable pour les voisins, et où le trajet est le plus court pour arriver à la voie publique.

59. Si, en établissant un passage du côté où le trajet est le plus court, le demandeur se trouvait dans la nécessité de construire un pont d'une grande dépense, il pourrait obtenir des tribunaux que ce passage fût établi dans la partie du champ où la construction du pont pourrait être évitée.

60. Si le terrain enclavé est le fait de la division d'un champ, par suite de vente ou de partage, le passage doit être pris sur l'une des parcelles du terrain divisé.

61. Dans une demande de passage, l'équité et la position

des lieux doivent être prises en considération ; car si l'héritage qui offrirait un trajet plus court, était un clos, un jardin ou des cours, le propriétaire de ces immeubles pourrait refuser le passage, s'il était démontré que le passage serait bien moins préjudiciable sur le fonds voisin, parce que ce fonds a moins de valeur.

62. Si les parties ne s'accordent pas sur l'endroit où le passage doit être pris, et sur sa largeur, elles doivent en référer au juge de paix qui statuera sur un rapport d'experts.

63. Si un passage, n'importe pour quelle cause, est reconnu insuffisant, on a le droit d'en demander l'élargissement dans la mesure de ses besoins, et si, par l'état des lieux, l'élargissement n'était pas possible, on a le droit de demander un autre passage sur le fonds voisin, le tout moyennant indemnité.

64. Quand il est démontré qu'un simple sentier suffit, on ne peut être admis à réclamer un chemin.

65. S'il est démontré que le passage n'est utile qu'à certaines époques de l'année, le propriétaire, tenu de fournir le passage, peut se refuser à ce qu'il soit établi d'une manière définitive ; il ne peut être forcé que pour le temps nécessaire. (Arrêt du Parlement de Paris du 19 mai 1778).

66. Pour que la demande d'un passage pour arriver à son fonds soit admise, il faut que le demandeur prouve qu'il n'a aucun moyen d'exploiter son champ sans passer sur le champ voisin.

67. Celui qui, pour arriver à sa propriété, a joui sans trouble pendant trente ans d'un passage sur la propriété voisine, a acquis le droit de passage et n'est tenu à aucune indemnité.

68. Si le passage accordé au fonds enclavé cessait d'être nécessaire, soit par l'établissement d'un chemin longeant le fonds enclavé, soit pour toute autre raison, le propriétaire fournissant le passage pourrait obtenir des tribunaux de ne plus le fournir, car la multiplication des passages enlève à l'agriculture des terrains qui peuvent être exploités avantageusement.

69. Les lois sur les mines, sur le dessèchement des marais, sur l'établissement des lignes télégraphiques, etc., accordent aux concessionnaires le droit de passer sur les fonds voisins, sauf indemnité.

70. Si le chemin par lequel un propriétaire qui se rend à son champ est impraticable, il est admis, moyennant indemnité, à passer sur le champ voisin ; mais si le chemin appartient à la commune, l'indemnité doit être payée par la commune en vertu de l'article 41 de la loi du 6 octobre 1791.

71. Si un débordement entraîne des matériaux sur le champ du propriétaire voisin, ce propriétaire est obligé de permettre l'entrée de son champ pour les enlever. S'il y a dommage, une indemnité lui est due, à moins que l'enlèvement ait été prescrit par l'autorité, par mesure de sûreté générale.

72. Si un mur est mitoyen chaque propriétaire doit le passage nécessaire pour le réparer.

73. Si le mur n'est pas mitoyen et que ce soit en ville, celui à qui appartient le mur dont la réparation est urgente, peut exiger un passage.

Si c'est à la campagne, et que le propriétaire du mur soit en état de prouver qu'il ne peut faire les réparations qu'en passant sur le voisin, il peut exiger qu'on lui accorde cette faculté, moyennant indemnité.

74. Même, s'il était indispensable, pour réparer un bâtiment, d'enlever une partie du toit voisin, on peut le faire pourvu que tout soit rétabli au plus tôt dans un bon état, sans préjudice de l'indemnité qui peut être due en cas de dommages réels.

Égout des toits.

75. Aux termes de l'article 681 du Code civil, tout propriétaire doit construire de manière que les eaux de pluie s'écoulent sur son terrain ou sur le chemin public, à moins de conventions contraires avec le voisin.

76. En construisant on ne peut avancer son toit sur celui du voisin ni sur son fonds, quand même on mettrait une *chanée* pour recevoir les eaux, parce qu'une portion du toit ou du terrain serait couverte, et que par suite, le propriétaire voisin n'aurait plus la libre disposition de sa propriété.

77. En conséquence, celui qui construit un bâtiment dont l'égout est du côté du fonds voisin, doit laisser au-delà de son mur un espace de terrain suffisant pour recevoir les eaux de ses toits, de ses cours ou de son évier. Cet espace est ordinairement le double de l'avancement du toit ; mais si l'on met des gouttières appelées communément *chanées*, le toit peut avancer jusqu'à la limite de son terrain.

78. Si par suite de l'élévation du terrain, les eaux des toits coulaient sur le voisin, ce dernier ne pourrait se refuser à les recevoir, parce que dans ce cas l'écoulement est naturel.

Des jours et des vues.

79. Des ouvertures pour prendre jour ne peuvent être pratiquées dans un mur mitoyen qu'avec l'autorisation des autres propriétaires du mur.

80. On ne peut établir des ouvertures, telles que portes et fenêtres, ni des balcons ayant vue directe sur le voisin, à une distance moindre de 1 mètre 90 ou 6 pieds de sa propriété, et des vues de côté ou obliques, à moins de soixante centimètres. La distance part du parement extérieur du mur pour les ouvertures et du bord extérieur des balcons ou terrasses jusqu'à la ligne de séparation des deux héritages. Ainsi, n'est pas à la distance légale celui qui, par exemple, a bâti à trois mètres de la maison de son voisin, si la limite du fonds de ce voisin se trouve à un mètre et demi de son mur et à un mètre et demi du mur de la nouvelle construction. Il s'en faut à chacun de quarante centimètres pour qu'ils aient droit de vue l'un sur l'autre, le tout sauf conventions contraires.

81. Le propriétaire qui bâtit à une distance moindre de

1 mètre 90 du voisin pourra, quand même, faire des ouvertures de ce côté, mais à condition qu'elles soient à 2 mètres 60 au-dessus du plancher de la pièce qu'il voudra éclairer, si c'est un rez-de-chaussée, et à 1 mètre 90 pour les autres étages. Ces fenêtres devront être scellées de manière à ne pouvoir s'ouvrir, et être garnies d'un treillis en fer dont les mailles pourront avoir un décimètre de largeur au plus.

82. Si ces vues doivent servir à éclairer des escaliers, leur hauteur doit être comptée à chaque étage à partir du palier ou de la plus haute marche.

83. Celui qui, de par le droit que la loi lui accorde, acquiert la mitoyenneté d'un mur ayant des vues sur sa propriété, peut obtenir ensuite de la justice que ces vues soient supprimées, parce qu'il peut invoquer cette raison que s'il a acheté la mitoyenneté c'est en vue de se mettre à l'abri des regards du voisin.

84. Celui qui exhausserait un mur mitoyen peut pratiquer des jours dans la partie exhaussée, si cette partie ne devient pas mitoyenne.

85. Une ouverture donnant vue directe sur la propriété voisine peut être établie à moins de 1 mètre 90 ou six pieds si la vue ne porte que sur un mur plus élevé et servant de clôture et dépourvu d'ouvertures, portes ou croisées. Cette restriction, sans être dans la loi, dérive de ce principe que nul ne peut réclamer l'exercice d'une servitude s'il n'y a intérêt.

86. Quant aux jours pratiqués dans les toits, il suffit qu'ils soient à une distance telle qu'on ne puisse regarder perpendiculairement sur le voisin.

87. Toute vue existant sur le voisin depuis trente ans est acquise de plein droit par prescription.

87 *bis*. Si les maisons des voisins sont séparées par une ruelle ayant moins de 2 mètres de large, chaque propriétaire est libre de faire sur cette ruelle les ouvertures qu'il juge convenables, la ruelle étant un chemin public.

Des haies et des fossés

88. Une haie morte peut être plantée à l'extrême limite de son fonds, sans observer aucune distance.

89. Quand il n'y a titre ou marques du contraire toute haie vive qui sépare les fonds de deux propriétaires est réputée mitoyenne. Dans ce cas, l'entretien doit être fait à frais communs, tel que le repiquage des plants, etc., et l'un des deux propriétaires peut y contraindre l'autre. Cependant on a le droit de se soustraire à cette obligation en renonçant à la mitoyenneté.

90. Tous les bois qui proviennent d'une haie mitoyenne ainsi que les fruits des arbres qui s'y trouvent doivent se partager.

91. A défaut de titre, la propriété d'une haie peut s'acquérir par la prescription. Ainsi, celui qui prouverait que la haie qui le sépare de son voisin a été taillée par lui des deux côtés pendant 30 ans et qu'il en a coupé le bois pendant le même temps, pourrait en revendiquer la propriété pour lui seul.

92. Quand les fonds de deux propriétaires sont séparés par une haie vive ou morte ou un fossé et que l'un des propriétaires est complètement clos, l'autre ne l'étant pas, la haie ou le fossé contesté est censé appartenir à celui qui est complètement clos par des haies ou fossés lui appartenant, à moins de titre ou de marques du contraire, parce qu'on est naturellement porté à supposer que la haie ou le fossé qui fait l'objet de la difficulté est le complément de cette clôture.

93. Si, entre la haie et le fonds de l'un des deux propriétaires, il existe un fossé, la haie est censée appartenir au propriétaire du côté duquel se trouve la douve. Il est par cela même encore propriétaire du fossé qui sépare la douve du fonds voisin.

94. De plus, si en vertu d'un titre ou de la prescription, le propriétaire voisin se trouvait propriétaire du fossé qui le borde, ou que ce fossé fût mitoyen, la douve avec sa haie

appartiendrait, quand même, à l'autre propriétaire, toujours parce qu'elle le touche immédiatement et ensuite parce que celui qui est propriétaire du fossé ne peut être censé propriétaire au-delà à moins de titre ou de marque du contraire.

95. Le propriétaire d'une haie mitoyenne, peut la détruire sans le consentement du voisin jusqu'à la limite de sa propriété, mais à *la condition* qu'il la remplacera par un mur construit sur cette limite. Même règle pour un fossé mitoyen. (Loi du 20 août 1881.)

96. Un propriétaire ne peut contraindre son voisin à lui accorder la mitoyenneté de sa haie ou de son fossé.

97. Quand une haie est mitoyenne, chaque propriétaire intéressé peut exiger, s'il le juge à propos, que les arbres qui s'y trouvent soient arrachés ou abattus. Tous les propriétaires intéressés doivent être consentants pour les remplacer.

98. Si certains arbres d'une haie mitoyenne servent de bornes, suivant des titres, le consentement de tous ceux qui ont part à la mitoyenneté est nécessaire.

99. Un fossé, à moins de preuves contraires, peut être regardé comme mitoyen lorsque la levée ou rejet de la terre se trouve d'un côté seulement du fossé. Il est censé appartenir à celui du côté duquel le rejet se trouve.

100. Des bornes placées au-delà du fossé attribuent le fossé au propriétaire opposé, à moins de preuves du contraire.

101. Les fossés contestés qui se trouvent entre des terres et des bois, sont présumés appartenir au bois, quoique les terres dudit fossé aient été jetées également par portion de chaque côté.

102. En établissant un fossé sur la limite de son terrain on doit laisser un espace de 30 à 40 centimètres du côté de la propriété voisine pour éviter les éboulements.

103. Le bois qui pousse sur le bord d'un fossé non mitoyen appartient au propriétaire du fossé. Si le fossé est mitoyen, chaque propriétaire a droit pour lui seul au bois qui pousse sur le bord qui le touche.

104. Une demande d'alignement doit être faite lorsqu'il s'agit d'établir des fossés, des murs ou des haies le long des chemins vicinaux et des routes.

Des arbres.

105. Les arbres à plein vent ou de haute tige doivent être plantés à deux mètres du voisin, et ceux à basse tige ne dépassant pas deux mètres de hauteur, à un demi-mètre. On peut exiger que les arbres plantés à des distances moindres que celles que nous venons d'indiquer soient abattus.

106. Si les arbres, qui ne sont pas plantés aux distances prescrites, existent depuis 30 ans, on ne peut plus exiger l'abattage. Le droit de les laisser subsister est acquis par prescription, au point que si ces arbres venaient à périr on pourrait les remplacer contre la volonté du propriétaire voisin, parce qu'en laissant subsister les arbres en question pendant trente ans, il a grevé son fonds d'une servitude acquise par prescription par le propriétaire voisin. Dans tous les cas, les arbres morts seuls pourraient être remplacés, mais on ne pourrait en dépasser le nombre.

107. Qu'il y ait prescription ou non, tout propriétaire peut contraindre son voisin à couper les branches des arbres qui avancent sur son fonds ; mais il ne peut les couper lui-même ni autoriser son fermier à le faire, à moins de n'y avoir été autorisé particulièrement. De là, dérive le droit qu'aurait un propriétaire de faire abattre un arbre qui surplomberait sur son terrain.

108. Le propriétaire d'un arbre dont les branches avancent sur le voisin n'est tenu d'élaguer que celles qui avancent effectivement. L'article 672 du code civil ne prescrit aucune hauteur.

109. Celui sur le terrain duquel s'étendent les branches d'un arbre fruitier n'a pas le droit d'en enlever les fruits, mais il a le droit d'enlever ceux qui tombent naturellement sur son

terrain. Le possesseur de l'arbre a le droit de passage sur son voisin pour venir cueillir ses fruits, mais moyennant indemnité s'il cause des dommages.

110. Tout propriétaire a le droit de couper sur son terrain les racines d'un arbre qui s'y avancent.

111. Si un arbre ou une haie donnent naissance à des rejetons poussant sur le terrain formant la distance légale, le propriétaire voisin peut ordonner de les arracher, mais n'a pas le droit de les arracher lui-même à moins qu'ils ne poussent sur son propre terrain. Dans ce dernier cas le bois qui en résulte lui appartient.

112. Des arbres et des arbustes peuvent être plantés en espaliers de chaque côté d'un mur mitoyen; mais ils ne doivent pas dépasser la crête du mur.

113. Le code ne dit rien de l'obligation du propriétaire de tondre une haie à telle ou telle hauteur ; mais cette obligation est implicitement renfermée dans l'art. 671 du Code civil qui détermine les distances légales en proportion de la hauteur. Les haies doivent donc être rangées dans la classe des arbres à basse tige. Or, laisser croître les haies à de grandes hauteurs ce serait éluder la loi. Donc en vertu dudit article un propriétaire peut obtenir des tribunaux que la haie d'un propriétaire voisin récalcitrant, soit tondue à une hauteur de deux mètres environ, hauteur admise pour les arbres fruitiers et arbrisseaux plantés à une distance moindre de deux mètres. Sauf preuves contraires, sont, en cas de contestation, réputés mitoyens, *tous les arbres* qui se trouvent dans une haie supposée mitoyenne.

Des constructions et de la mitoyenneté des murs.

114. Les murs peuvent être mitoyens par la construction qui en a été faite à frais communs, ou par acquisition ou par prescription.

115. Chacun peut contraindre son voisin à construire un

mur à frais communs pour séparer leurs maisons, cours ou jardins, mais cela seulement dans les villes et leurs faubourgs; (art. 663 du Code civil).

116. Peuvent être dénommées villes, toutes agglomérations d'habitations qualifiées ainsi dans les actes publics ou administratifs.

117. Pour qu'un propriétaire en ville puisse être assujetti à construire un mur de séparation à frais communs, il faut que son fonds soit dans l'enceinte de la ville ou des faubourgs.

118. Le plan et le cadastre indiquent d'ordinaire suffisamment où commencent et finissent les faubourgs d'une ville.

119. Le terrain d'un mur mitoyen doit porter par égale partie sur les deux propriétés qu'il doit séparer.

115 bis. En cas de désaccord sur la qualité des matériaux à employer, la justice ordonne d'ordinaire dans les prix moyens.

116 bis. S'il s'agit de construire un mur de clôture sur un mur de soutènement, c'est-à-dire soutenant le fonds voisin formant terrasse, la construction devra être faite à frais communs; mais, s'il est prouvé que le mur de soutènement n'appartient pas au fonds supérieur, le propriétaire du fonds inférieur devra seul entretenir cette partie inférieure du mur, partie commençant aux fondations et finissant au niveau du sol du fonds formant terrasse. Si, au contraire, il est prouvé que le mur de soutènement fait partie du fonds supérieur, le propriétaire inférieur ne sera pas tenu de prendre part aux frais de consolidation, nécessités quelquefois par la surcharge du mur au-dessus et formant clôture.

117 bis. La hauteur des murs de clôture dépend des règlements et des usages locaux; toutefois, un propriétaire ne peut forcer son voisin à diminuer de hauteur le mur de clôture qui les sépare, mais il est libre de l'élever plus haut s'il n'y a convention contraire.

118 *bis*. Dans les cas où un propriétaire peut forcer son voisin à construire un mur de clôture (voir article 115), ce

voisin ne pourrait se refuser à payer sa part quand même l'autre aurait construit sans son consentement. Le prétexte que ce mur lui est inutile ne peut être admis.

119 *bis*. La loi impose à chacun de vendre au voisin la mitoyenneté d'un mur qui le touche, si ce voisin demande à l'acheter ; mais ce droit d'acheter la mitoyenneté n'est accordé qu'à celui dont le terrain joint immédiatement le mur.

120. Celui qui est propriétaire d'un mur, qui prouverait à celui qui voudrait en acheter la mitoyenneté, qu'il ne l'a pas construit sur l'extrême limite de son terrain, mais qu'il a laissé un espace, ne serait pas tenu de vendre la mitoyenneté de ce mur ainsi construit, pourvu toutefois qu'il fût démontré que cet espace a été laissé dans un but d'utilité réelle, comme par exemple pour recevoir l'égout du toit.

121. On ne peut refuser la mitoyenneté d'un mur sous prétexte qu'il s'y trouve des ouvertures qu'on ne pourra plus conserver, ni sous le prétexte qu'on a un droit d'égout du côté du voisin qui demande la mitoyenneté ; mais dans ce dernier cas le voisin doit s'arranger de manière à respecter le droit d'égout des toits.

122. Celui qui achète la mitoyenneté entière d'un mur doit payer la moitié de la valeur du mur et la moitié *du terrain* sur lequel il est bâti.

123. On n'est libre d'acheter la mitoyenneté d'un mur qu'à hauteur de clôture. Ainsi, si un mur ne clôt qu'à une hauteur de 4 mètres, mais qu'il lui faille 6 mètres pour clore le voisin, on peut se dispenser d'acheter la mitoyenneté des 2 mètres en plus. On a même le droit de n'acheter que la partie du mur que l'on veut occuper, comme la largeur que prendrait une cheminée adossée au mur ou des tuyaux ; mais pour les cheminées il est d'usage de payer 30 centimètres en plus de chaque côté à cause des travaux de consolidation à faire.

124. Celui qui a intérêt à augmenter l'épaisseur ou la solidité d'un mur mitoyen doit le faire à ses dépens.

125. Si le propriétaire d'un mur a des caves, le voisin qui

désire acheter la mitoyenneté n'est pas obligé de payer la moitié de la valeur de la partie du mur servant de fondation.

126. A défaut d'accord amiable la valeur de la mitoyenneté doit être établie par experts. Le vendeur a droit d'exiger que le prix arrêté lui soit payé avant toutes entreprises.

127. Si celui qui a acheté la mitoyenneté d'un mur juge que ce mur n'est pas en état de supporter l'exhaussement qu'il veut y faire, il est libre de le faire reconstruire en entier à ses frais. Cependant, s'il était prouvé que le mauvais état de ce mur exige une prompte reconstruction, il pourrait obliger son voisin à le faire reconstruire à frais communs. S'il en augmentait l'épaisseur, cette augmentation devrait se faire sur son terrain.

128. L'un des voisins ne peut pratiquer dans un mur mitoyen aucun enfoncement, ni y appliquer ou appuyer aucun ouvrage sans le consentement de l'autre, ou sans avoir, à son refus, fait régler par expert les moyens nécessaires pour que le nouvel ouvrage ne soit pas nuisible aux droits de l'autre. (Art. 662 du code.)

129. En ville est réputé mitoyen tout mur d'un bâtiment servant de clôture à la cour ou au jardin du voisin, en vertu de l'article 663 du Code civil. Mais si ce mur limitait d'une part un jardin ou une cour, et de l'autre un pré ou une terre labourable non close, on ne pourrait, à défaut de titre, le déclarer mitoyen. Il serait déclaré appartenir au propriétaire de la cour ou du jardin. Cette dernière règle est applicable aux murs qui se trouvent dans ces conditions à la campagne. A la campagne, tout mur qui limite des cours ou des jardins non clos de murs ne peut être déclaré mitoyen sans titre.

130. Sauf preuve du contraire, sont déclarés mitoyens, en général, les murs qui séparent les bâtiments de deux voisins, mais jusqu'à l'*héberge*, c'est-à-dire jusqu'au point où deux bâtiments de hauteur inégale peuvent profiter tous deux du mur qui les sépare; le surplus de la hauteur du mur est censé, en cas de dissentiments, appartenir au bâtiment le plus élevé.

131. Celui qui revendique la mitoyenneté d'un mur n'est pas obligé de prouver son droit; c'est à celui qui lui refuse la mitoyenneté à prouver que le mur lui appartient exclusivement.

132. Celui qui refuse d'entretenir pour sa part ou de reconstruire un mur mitoyen est censé renoncer à la mitoyenneté ; cependant son voisin peut l'obliger à la conserver et à payer sa part des frais, si ce mur mitoyen sépare leurs bâtiments ; dans les autres cas, s'il juge à propos de le garder pour lui seul, il devra mettre son voisin en demeure ou de renoncer ou de payer sa part. Celui qui a abandonné la mitoyenneté doit réparer à ses frais toutes dégradations qui sont de son fait.

133. Il y a différents signes qui annoncent qu'un mur est mitoyen, lorsqu'il y a doute : 1° Si le sommet du mur ne présente pas d'inclinaison du côté du voisin, le mur est regardé comme mitoyen.

2° Lorsque le mur finit en forme arrondie ou chaperon, afin que les eaux du toit ne le détériorent pas, il est regardé comme non mitoyen.

3° Lorsqu'il a été laissé sur sa surface des moulures, ou des saillies appelées communément corbeaux, il est déclaré non mitoyen, parce que c'est un usage de marquer ainsi la non mitoyenneté, et aux termes de l'article 654 du Code civil, le mur, dans ce cas, est censé appartenir au propriétaire du côté duquel sont l'égout ou les corbeaux et les filets de pierre ; mais il faut que ces marques aient été établies au moment même de la construction du mur ou qu'elles subsistent depuis 30 ans au moins.

134. Les crochets, les anneaux, les chevilles, etc. fixés à un mur n'en prouvent pas la mitoyenneté.

135. Si un mur était dépourvu de marques, dans sa partie supérieure, cette partie supérieure seule serait réputée non mitoyenne, parce que dans ce cas les marques donnent lieu de supposer qu'elles n'existent que pour indiquer quelle est la partie du mur qui est mitoyenne.

136. Tout propriétaire qui a part à un mur mitoyen doit éviter d'y causer des dommages, car, dans ce cas, il pourrait être contraint de faire à ses frais les réparations nécessaires.

137. Si un mur menace ruine ou a réellement besoin de réparations et que l'un des deux propriétaires refuse de le faire reconstruire ou réparer, l'autre doit faire constater la nécessité de sa reconstruction ou réfection, et se faire autoriser par les tribunaux à le reconstruire ou réparer lui-même, à ses frais *et aux frais du voisin* qui en a la mitoyenneté avec lui.

138. Chaque propriétaire d'un mur mitoyen doit supporter les incommodités résultant du passage des ouvriers et des dépôts de matériaux. Chacun doit supporter les étaiements et délogements que les réparations peuvent nécessiter.

139. Quand même la démolition d'un mur mitoyen priverait un des propriétaires de l'usage d'un local dont il tirait un profit, il n'aurait droit à aucune indemnité, ni pour les peintures dont il aurait orné ce mur, à moins pourtant que cette reconstruction eût été nécessitée par la faute de l'autre propriétaire mitoyen.

140. Celui qui renonce à la mitoyenneté renonce en même temps à sa part du terrain sur lequel le mur est assis. Celui à qui la mitoyenneté a été abandonnée n'est pas libre de démolir le mur sous le prétexte qu'il n'en a plus besoin, ni de le laisser dépérir. Il doit le réparer quand c'est nécessaire et le reconstruire au besoin à ses frais. Il est prudent de se faire abandonner la mitoyenneté par acte pour éviter d'être recherché plus tard.

141. Celui qui a abandonné la mitoyenneté peut l'obtenir de nouveau en remboursant le prix de ce qu'il a abandonné à dire d'expert. Il faut qu'il paie en outre la portion de terrain sur laquelle est assise la partie mitoyenne du mur qu'il réclame, quand même cette portion de terrain lui appartenait autrefois.

142. Les droits principaux du propriétaire d'un mur

mitoyen sont de pouvoir bâtir contre ce mur mitoyen, le droit de l'exhausser, d'y appliquer ou appuyer des ouvrages.

Le droit d'appuyer ou d'appliquer ne peut s'étendre jusqu'à faire des saillies du côté du voisin ; tels seraient des tuyaux de poële, des extrémités de poutre, etc.

Ni l'un ni l'autre des propriétaires mitoyens, sans un accord préalable, ne peut adosser du fumier, du bois, des terres, du sel ou autres choses pouvant attirer l'humidité ou pouvant permettre de voir chez le voisin, si les dépôts se trouvaient élevés. Les fosses d'aisances doivent se trouver à la distance ordonnée par les règlements.

143. L'article 662 du Code civil permet de faire de son côté des enfoncements dans le mur mitoyen. Il ne faut pas entendre par là qu'on puisse y pratiquer une armoire, un tuyau ou une cheminée, mais seulement des poutres ou solives, des chambranles de cheminée, des supports en pierre. Ces enfoncements peuvent comprendre toute l'épaisseur du mur moins 54 millimètres.

Si le voisin veut de son côté placer des poutres qui doivent venir aboutir dans le mur mitoyen à leur extrémité au même point que celles du voisin ; il aura le droit de réduire la longueur de ces dernières jusqu'à la moitié de l'épaisseur du mur.

144. Tout voisin peut exhausser un mur mitoyen pour un motif légitime, comme par exemple pour empêcher que son voisin n'ait vue sur lui ; mais si l'exhaussement se faisait dans le but de nuire au voisin, comme de lui ôter l'air ou la lumière, ce dernier pourrait exiger que l'exhaussement fût réduit à une proportion raisonnable.

145. Comme on l'a vu, celui qui, pour son utilité, exhausse un mur mitoyen, doit, aux termes mêmes de l'article 658 du Code civil, indemniser le propriétaire qui a la mitoyenneté du mur avec lui, quelle que soit la solidité du mur, parce que ce supplément de charge hâtera sa destruction.

146. S'il est reconnu que la reconstruction d'un mur mitoyen n'est pas nécessaire, celui qui demande cette recons-

truction n'aurait pas le droit de la faire même à ses propres dépens, si son voisin ne veut pas, parce que ce genre d'opération entraîne toujours pour le voisin des inconvénients plus ou moins sérieux.

147. Celui qui fait reconstruire un mur mitoyen à ses dépens peut être mis en demeure par le voisin d'avoir à le faire dans un délai déterminé. Celui qui construit en s'appuyant sur l'article 1724 du Code, pourrait obtenir au moins 40 jours.

148. Celui qui veut bâtir contre le mur mitoyen, y placer des poutres, faire des enfoncements, etc., est tenu d'avoir le consentement verbal ou par écrit du voisin. S'il refuse, il peut lui donner avis de son projet par lettre recommandée ou par sommation, en le prévenant du jour qu'il pense commencer les travaux. Il ne lui restera plus qu'à soutenir son droit si le voisin en réfère aux tribunaux.

Remarques diverses sur les servitudes.

149. Un fermier ne peut laisser grever le fonds qu'il exploite, de servitude, sans le consentement du propriétaire. Ainsi, aurait-il à l'insu du propriétaire laissé prendre passage pendant 30 ans au voisin, l'aurait-il laissé tondre certains buissons faisant partie de la propriété pendant le même temps ou élaguer des souches ou autres arbres, que celui à qui ces choses auraient été accordées, ne pourrait s'en prévaloir pour avoir le droit de continuer en vertu de la prescription, parce que le fermier n'a pas le droit de disposer de ce qui n'est pas à lui.

150. Celui qui a la propriété d'un fonds sans en avoir la jouissance peut le grever de servitudes, tels que droits de passage, de puisage, etc. ; mais seulement à partir du moment où il entrera en jouissance.

151. Celui qui a hypothèque sur un bien quelconque peut, en vertu des articles 1,188, 1,912 et 2,131 du Code civil,

empêcher le propriétaire de ce bien d'accorder aux voisins des droits qui peuvent déprécier ce bien et en diminuer la valeur, tels que des droits de passage, de puisage ou autres.

152. Celui qui aurait acheté des droits de passage, de puisage ou autres dans ces conditions, pourrait être attaqué par les créanciers du vendeur en dommages-intérêts, ou sommé d'abandonner en conformité de l'article 2,265, si avant de payer il n'a pas rempli les formalités ordonnées par les articles 834 et 2,193 du Code civil.

153. Les tuteurs ne peuvent grever les biens des mineurs d'aucune servitude. Celui à qui il a été passé procuration pour gérer les biens d'un propriétaire, ne le peut non plus sans un pouvoir spécial.

154. Celui qui est marié sous le régime de la communauté ne peut imposer aucune servitude sur le bien de sa femme sans son consentement ; car la femme, en renonçant à la communauté, aurait le droit de faire cesser la servitude et d'obtenir des dommages-intérêts contre celui qui l'aurait acquise, si ses biens en avaient souffert ; on ne peut même opposer la prescription conformément à l'article 2,256 du Code civil.

155. Un fonds indivis ne peut être grevé de servitudes que du consentement de tous les co-propriétaires. L'héritier du propriétaire qui aurait refusé de donner son consentement, peut, comme héritier, donner d'avance le consentement demandé.

156. Celui qui s'est fait fort pour les autres propriétaires indivis, peut être poursuivi en dommages-intérêts aux termes de l'article 1,120 du Code, si ensuite les autres propriétaires indivis refusent de donner leur consentement.

157. Celui qui n'est pas propriétaire d'un fonds mais qui l'exploite, a droit d'acquérir des servitudes au profit du fonds, tels que, passage, puisage, cours d'eau, etc. Les acquisitions ainsi faites sont valables, seraient-elles faites par quelqu'un qui, faussement, se serait dit fondé de pouvoir de la personne pour

laquelle il a acheté ; parce que c'est au fonds que le droit est accordé et non à la personne ; mais dans ce cas, le propriétaire pour lequel une servitude a été ainsi achetée, est libre d'accepter ou de refuser.

158. Le propriétaire indivis peut acheter une servitude au profit du fonds commun, sans le consentement des autres propriétaires intéressés, parce qu'il le fait dans l'intérêt du fonds indivis.

159. La prescription trentenaire (de 30 ans) date non du jour où la servitude a été consentie, mais du jour où le droit obtenu a été exercé, et il faut qu'on ait exercé son droit sans interruption pendant 30 ans, pour que la prescription soit admise de droit.

160. Quand les signes qui annoncent, par exemple, qu'un mur est mitoyen, ont disparu pendant plus d'un an, sans qu'on ait traduit le voisin intéressé en justice ou celui qui les a fait disparaître, on ne peut plus invoquer son droit à la chose ; il y a eu interruption volontaire dans la possession, qui se trouve ainsi perdue.

161. S'il est prouvé que celui qui a acquis un droit sur la propriété d'autrui, l'a obtenu par ruse, comme de promettre de faire droit aux réclamations du voisin, sans y donner suite immédiatement pour laisser écouler assez de temps pour arriver à maintenir par le fait de la prescription un droit qui ne lui était accordé que par tolérance ; s'il a avoué qu'en effet il jouissait par tolérance, ce voisin ne peut invoquer en sa faveur la prescription ainsi obtenue.

162. Lorsque la prescription fait acquérir un droit, ce droit doit être limité à la chose dont on jouit depuis 30 ans. Ainsi, celui qui depuis 30 ans par une de ses croisées a vue sur le voisin, n'a pas pour cette raison le droit d'en établir une autre à côté, ni même de l'agrandir ou d'ôter les barreaux en fer à la croisée qui s'en trouve munie.

De la destination du père de famille en fait de servitudes.

163. Il y a destination du père de famille lorsque l'ancien possesseur d'une propriété qui a été ensuite divisée au profit de plusieurs propriétaires, par acte de partage ou par vente, est présumé être l'auteur de différents travaux faits dans l'intention d'améliorer sa propriété, tel que l'établissement d'un fossé pour amener l'eau d'un fonds sur un autre; tel qu'un passage sur un fonds pour desservir un fonds plus éloigné, etc. Dans ce cas, chacun des propriétaires nouveaux, sauf conventions contraires, peut exiger que les choses restent en l'état où les a laissées le père de famille. En cas de contestation, tout consiste à prouver que les fonds ont appartenu au même propriétaire et que c'est par lui que les choses ont été mises dans l'état où elles se trouvent, et que des signes apparents le démontrent. La destination du père de famille bien établie vaut titre.

Cessation et extinction des servitudes.

164. Une servitude peut cesser de différentes manières. Par exemple, si un propriétaire devait à un autre le passage néces saire pour se rendre à une source et que cette source vînt à tarir pour toujours, le passage cesserait de droit d'être dû, parce qu'il n'était établi que pour aller à la source. Il en serait de même de tous autres cas où des événements, qui ne seraient pas de la faute de celui qui doit la servitude, viendraient forcément interrompre la jouissance de cette servitude. D'où il résulte que si une personne avait acheté un passage sur le fonds voisin et que ce passage vînt à être détruit de manière à ne pouvoir être rétabli, la personne qui l'aurait acheté se trouverait dans la nécessité d'en acheter à ses frais un autre.

165. S'il s'agit de bâtiments, la destruction ne fait pas cesser

la servitude. Le bâtiment nouveau la doit telle que la devait l'ancien.

166. Quand deux fonds, dont l'un doit une servitude à l'autre, tel qu'un droit de passage ou autre, la servitude cesse d'exister si les deux fonds passent par une acquisition dans la même main, et ce, à tel point que si l'acquéreur d'un fonds qui doit, par exemple, un passage au sien revendait ce fonds sans stipuler dans l'acte que cette servitude existe, le fonds vendu en serait affranchi et par conséquent le droit de passage ne serait point dû par le nouvel acquéreur.

167. Les servitudes dites discontinues, tels que des droits de passage, de puisage et autres droits qui ne s'exercent qu'à certains moments, s'éteignent après 30 ans de non usage. Il n'en est pas de même des servitudes continues, comme une conduite d'eau, un droit de vue, etc. On ne peut considérer comme un droit abandonné volontairement le défaut d'usage de ces choses, aurait-on, par exemple, tenu les volets d'une croisée fermés pendant plus de 30 ans; aurait-on même bouché cette croisée. Cependant, dans ce dernier cas, si le voisin avait, pendant ce temps construit en face, le droit de prendre vue sur lui se trouverait perdu.

168. Celui qui n'a que la nue propriété d'un fonds et non la jouissance, ne peut abandonner au voisin les droits qu'il peut avoir sur lui, sans le consentement de l'usufruitier.

169. Lorsque plusieurs personnes sont propriétaires indivises d'un fonds et que l'une d'elles obtient du voisin l'abandon ou remise d'un droit sur sa part du fonds commun, ce voisin a le droit de ne pas donner suite à l'engagement qu'il a pris, pendant que le fonds commun est dans l'indivision, parce que la part de celui qui a obtenu la remise n'est pas déterminée.

170. Celui qui a obtenu une remise dans ces conditions, se trouve, s'il veut en jouir, dans l'obligation de faire faire le partage du fonds indivis ou de le faire liciter; et si par suite de la licitation le fonds commun devenait la propriété d'un seul, ce dernier aurait le droit d'affranchir totalement le fonds

de la servitude à laquelle il se trouvait assujetti, parce qu'une partie se trouvait affranchie au moment de la licitation ; mais il serait tenu de payer au voisin une indemnité proportionnelle à l'importance de la servitude.

171. Toutes réclamations relatives à des faits ayant trait aux servitudes doivent être portées devant le juge de paix dans l'année même où l'on a été troublé dans l'exercice de son droit, pour qu'on ne puisse, en certains cas, invoquer la possession annale (un an).

172. Le juge de paix a le droit de faire rétablir les haies détruites sans autorisation, les murs renversés et les fossés comblés *dans l'année,* sans avoir à examiner si celui qui les a détruits a de justes motifs de s'opposer à leur rétablissement. A lui de soutenir ensuite son droit, s'il croit l'avoir.

Principales dispositions de la loi du 20 août 1881 sur les chemins ruraux.

1. Les chemins ruraux sont les chemins appartenant aux communes, affectés à l'usage du public, qui n'ont pas été classés comme chemins vicinaux. (Art. 1er.)

2. Un chemin où il y a circulation générale et qui a été soumis à des actes de surveillance et de voirie de la part de l'autorité municipale peut être déclaré chemin rural. (Disp. de l'art. 2.)

3. Tout chemin affecté à l'usage du public est présumé, jusqu'à preuve contraire, appartenir à la commune sur le territoire de laquelle il est situé. (Art. 3.)

4. Le Conseil municipal, sur la proposition du maire, déterminera ceux des chemins non vicinaux qui devront être déclarés ruraux ; il devra y avoir enquête publique préalable. (Disp. principale de l'article 4.)

5. Les arrêtés de possession approuvés par la commission départementale devront être affichés dans la commune et *no-*

tifiés par voie administrative à *chaque riverain*, en ce qui concerne sa propriété. Les réclamations contre la prise de possession par la commune devront être faite dans l'année de la notification par les propriétaires intéressés. (Disp. des art. 4 et 5.)

6. Les contestations entre la commune et les particuliers seront portées devant les tribunaux de première instance. (Art. 7.)

7. Les communes pourront affecter à l'entretien desdits chemins une journée de prestation, et au besoin voter des centimes additionnels. (Disp. de l'art. 10.)

8. Les entrepreneurs qui, pour l'exploitation de mines, de carrières, de forêts ou qui, en raison de toute autre entreprise, auraient dégradé les chemins ruraux seront tenus ou à payer une indemnité, ou à les rétablir dans leur premier état. (Disp. de l'art. 11.)

9. Au besoin, les propriétaires riverains pourront être expropriés pour l'élargissement desdits chemins. La commune ne pourra prendre possession des terrains expropriés qu'après avoir payé l'indemnité due. (Art. 13.)

10. Toute demande d'indemnité doit être faite par les propriétaires dans les deux ans. Passé ce temps elle n'est plus recevable. (Art. 15.)

11. Les travaux d'ouverture, de redressement, d'élargissement et d'entretien des chemins ruraux pourront être confiés à une association syndicale provoquée par le maire. (Art. 19 à 32.)

Chemins et sentiers d'exploitation.

(Extrait de la loi du 20 mars 1881.)

Art. 33. Les chemins et sentiers d'exploitation sont ceux qui servent exclusivement à la communication entre divers héritages, ou à leur exploitation. Ils sont, en absence de titres, présumés appartenir aux propriétaires riverains, chacun en droit soi ; mais l'usage en est commun à tous les intéressés.

L'usage de ces chemins *est interdit au public.*

Art. 34. Tous les propriétaires dont ils desservent les héritages sont tenus les uns envers les autres de contribuer, dans la proportion de leur intérêt, aux travaux nécessaires à leur entretien et à leur mise en état de viabilité.

Art. 35. Les chemins et sentiers d'exploitation ne peuvent être supprimés que du consentement de tous les propriétaires qui ont le droit de s'en servir.

Art. 36. Toutes les contestations relatives à la propriété et à la suppression de ces chemins sont jugées par les tribunaux comme en matière sommaire.

Le juge de paix statue, sauf appel, s'il y a lieu, sur toutes les difficultés relatives aux travaux prévus par l'article 34.

Art. 37. Dans les cas prévus par l'article 34, les intéressés pourront toujours s'affranchir de toute contribution en renonçant à leurs droits, soit d'usage, soit de propriété sur les chemins d'exploitation.

Chemins vicinaux et prestations.

1. On appelle chemins vicinaux des chemins classés comme tels pour servir de communication entre communes.

L'entretien de ces chemins est à leur charge.

Ils se divisent en chemins vicinaux de *petite communication,* qui sont ceux qui sont exclusivement à la charge de la commune ; en chemins vicinaux de *grande communication,* qui sont ceux qui sont entretenus avec le concours du département ; et en chemins vicinaux d'*intérêt commun,* qui sont ceux qui sont à la charge de plusieurs communes.

2. Tous ces chemins sont entretenus par les communes à l'aide de prestations en nature qui peuvent être acquittée en

argent. Des centimes additionnels peuvent être votés par les municipalités, pour être affectés à l'entretien desdits chemins.

3. Est soumis à la prestation tout individu mâle, valide, âgé de 18 ans révolus ou ayant moins de 60 ans. La prestation consiste annuellement en trois journées de travail.

De plus, chaque individu possesseur de un, deux, trois, etc. attelages, doit fournir trois journées pour chaque attelage, et trois journées pour chaque bête de somme, de trait, de selle, au service de la famille.

4. Ne doivent pas être imposées à la prestation : 1° les bêtes de somme, de trait ou de selle qui, en raison de leur âge ou d'autres causes ne peuvent être assujetties au travail ; 2° celles qui sont destinées à la reproduction ou à la boucherie, ainsi que celles qui sont l'objet d'un commerce, pourvu que le possesseur n'en retire aucun travail.

5. Réclamations. — Tout prestataire indûment imposé doit adresser sa demande en décharge à la préfecture dans les trois mois qui suivent la publication du rôle des prestations.

Cette demande doit être faite sur papier ordinaire en double expédition et être accompagnée de l'avertissement.

6. La demande de conversion d'un chemin ordinaire en chemin vicinal doit être faite par le maire à la préfecture.

A cet effet, le maire dresse un état dudit chemin selon les formes indiquées par l'administration et le laisse déposé à la mairie pendant un mois, pendant lequel les habitants sont invités par publication, à fournir leurs observations et réclamations au sujet de la conversion projetée. C'est ce qu'on appelle l'enquête. L'enquête terminée, le Conseil municipal est appelé à donner son avis sur le projet de classement et sur les réclamations ou oppositions. Délibération en est prise, laquelle est envoyée à la préfecture avec toutes les pièces à l'appui. Si l'administration préfectorale est favorable au projet, un arrêté est pris déclarant le susdit chemin, chemin vicinal et en ordonne l'inscription au tableau des chemins vicinaux de la commune.

DEUXIÈME PARTIE

Résumé des principales lois inscrites au Code civil.

CHAPITRE PREMIER

Des naissances. — Des enfants trouvés. — Des enfants adoptés, reconnus ou désavoués. — Légitimité.

1. Naissances. — Tout enfant qui vient de naître doit être inscrit sur les registres de l'état civil de la commune, où il est né. Sa naissance doit être déclarée en présence de deux témoins, à la mairie du lieu dans les trois jours qui suivent celui de l'accouchement.

2. La déclaration doit être faite par le père, mais à son défaut elle peut être faite par les médecins, les sages-femmes et autres personnes ayant assisté à l'accouchement. — Lorsque la mère sera accouchée hors de son domicile, la déclaration de naissance devra être faite par la personne chez qui elle sera accouchée. L'enfant doit être présenté. Le père peut se faire remplacer par procuration.

3. Dans aucun cas le père d'un enfant naturel, c'est-à dire né hors mariage, ne peut être obligé à faire la déclaration de la naissance. Son nom ne peut figurer dans l'acte que de son consentement.

4. Le nom de la mère d'un enfant naturel peut être déclaré, même sans son consentement ; mais si les déclarants ne veulent le faire connaître, l'officier de l'état civil ne peut les y contraindre.

5. Le nom du père d'un enfant adultérin ou incestueux ne peut *jamais* être indiqué dans l'acte de naissance.

6. Pénalités. — Toute personne qui a à faire une déclaration de naissance et qui ne l'a pas faite dans les délais prescrits, peut être condamnée à un emprisonnement de six jours à six mois et à une amende de 16 à 300 fr.

7. Lorsqu'une déclaration de naissance n'a pas été faite dans le délai voulu, elle ne peut ensuite être faite et reçue qu'en vertu d'un jugement du tribunal de première instance.

8. Enfants trouvés. — Toute personne qui aura trouvé un enfant nouveau-né sera tenue de le remettre au maire de sa commune, ainsi que les vêtements et autres effets trouvés avec l'enfant, et de déclarer toutes les circonstances du temps et du lieu où il a été trouvé. Il en sera dressé procès-verbal, lequel sera inscrit sur les registres de la mairie.

9. Toute personne qui a trouvé un enfant nouveau-né non réclamé, peut être autorisée à le garder et à l'élever. A cet effet elle doit en faire la demande à la municipalité du lieu où l'enfant a été trouvé.

10. Pénalités. — Comme pour les déclarations de naissance, celui qui aura trouvé un enfant et qui ne se sera pas conformé à à ce qui vient d'être dit, pourra être condamné à un emprisonnement de six jours à six mois et à une amende de 16 à 300 francs.

11. Toute personne qui se sera chargée d'élever un enfant trouvé et qui, ensuite, l'aura porté à l'hospice ayant moins de 7 ans accomplis, pourra être puni d'un emprisonnement de six semaines à six mois et de 16 à 50 francs d'amende; et celui qui aura exposé et délaissé en un lieu solitaire un enfant âgé de moins de 7 ans pourra être condamné à un emprisonnement de six mois à deux ans et à une amende de 16 à 200 francs. Si l'abandon a été fait par un tuteur ou une tutrice, un instituteur ou une institutrice, la peine sera de 2 ans à 5 ans et l'amende de 50 à 400 francs.

12. Enfant désavoué. — 1° Un mari ne peut désavouer un

enfant né de son mariage qu'autant qu'il est en état de prouver que pendant les 180 jours qui ont précédé la naissance il se trouvait dans l'impossibilité matérielle de coahabiter avec sa femme, soit par son éloignement d'elle, soit par l'effet d'un accident.

2° Un mari peut désavouer l'enfant né avant les 180 jours de son mariage, s'il peut prouver qu'il n'a pas eu connaissance de la grossesse de sa femme en se mariant, s'il n'a pas assisté à la rédaction de l'acte de naissance, s'il n'a pas signé cet acte où s'il n'y est pas fait mention qu'il ne sait signer. Pour les mêmes motifs, il peut aussi désavouer l'enfant qui n'a pas été déclaré né viable.

13. La cause d'impuissance naturelle et celle d'adultère ne sont pas admises, à moins que la naissance ait été cachée au mari.

14. Le désaveu d'un enfant né avant le 180e jour du mariage doit être fait selon les formes prescrites par la loi. Ainsi la demande en désaveu doit être faite par le mari dans le mois de l'accouchement, s'il est sur les lieux ; dans les deux mois après son retour s'il se trouvait absent au moment de la naissance ; dans les deux mois après la découverte de la naissance, si cette naissance lui avait été cachée. L'enfant né le 300e jour de la mort du mari, peut être désavoué par ses héritiers.

15. Toute demande de ce genre doit être suivie, dans le délai d'un mois, d'une action en justice par ministère d'avoué, dirigée contre un tuteur ad hoc donné à l'enfant et en présence de sa mère, le tout sous peine de nullité. Si le mari vient à mourir avant d'avoir pu donner suite à sa réclamation, ses héritiers ont deux mois pour contester la légitimité de l'enfant.

16. Légitimité. — Si la légitimité d'un enfant est contestée en matière de succession ou autres, celui-ci devra prouver par son acte de naissance, qu'il est enfant légitime de parents mariés avant le jour de sa naissance. A défaut de cette preuve, il sera admis à prouver sa légitimité en établissant qu'il a toujours porté le nom du père auquel il prétend appartenir ;

que ce père l'a toujours traité comme son enfant et pourvu à son éducation, à son entretien, qu'il l'a établi, qu'il a été reconnu pour tel dans la famille et dans la société. Enfin, à défaut de toutes ces preuves, la preuve par témoins est admise ; mais pour qu'elle le soit, il faut un commencement de preuves par écrit, comme les renseignements que peuvent fournir les titres de famille, les registres ou papiers du père ou de la mère, etc.

Pour toutes ces justifications on doit recourir aux tribunaux civils par la voie des avoués.

17. Reconnaissance d'enfants. — Les enfants naturels proprement dits peuvent être reconnus par leurs père et mère, ensemble, ou séparément. Les enfants nés de l'adultère ou incestueux ne peuvent jamais être légitimés ni même reconnus par leurs auteurs.

18. La reconnaissance d'un enfant naturel par le père et la mère, ensemble ou séparément, peut se faire : 1° Dans l'acte de naissance de l'enfant ; 2° par acte devant notaire ; 3° par ministère d'avoué, devant les tribunaux ; 4° par une déclaration postérieure à l'acte de naissance devant l'officier de l'état civil (maire ou adjoint).

19. Pour qu'un enfant *reconnu* ait les mêmes droits que s'il était né pendant le mariage, il faut qu'il soit en même temps *légitimé*, c'est-à-dire qu'il faut qu'il ait été reconnu par ses père et mère *avant le mariage*, ou qu'il soit reconnu dans *l'acte même* de la célébration du mariage. On peut légitimer ainsi, non-seulement des enfants naturels vivants, mais même des enfants décédés ayant laissé des descendants.

20. Adoption. — L'adoption consiste à adopter pour fils ou fille une personne quelconque étrangère ou non à la famille et à lui conférer tous les droits d'un enfant légitime.

Il y a l'adoption ordinaire, l'adoption à titre de récompense, comme lorsque l'adopté a sauvé la vie à l'adoptant en exposant la sienne pour le sauver, et l'adoption par testament par laquelle un tuteur officieux qui n'a pas de descendant, adopte son pupille pour son enfant. Cette sorte d'adoption ne peut avoir lieu que cinq ans révolus depuis la tutelle, et ne concerne que les tuteurs.

21. Les conditions d'adoption à titre de récompense sont pour l'adoptant : 1° Être majeure et plus âgé que l'adopté ; 2° n'avoir pas d'enfants nés de son mariage; s'il est marié, avoir le consentement de sa femme. L'adopté devra être majeur, et s'il n'a pas 25 ans, avoir le consentement de ses père et mère ; n'avoir pas été adopté par une autre personne.

22. Dans l'adoption ordinaire, outre les conditions qui précèdent, celles qui suivent sont imposées par la loi. L'adoptant doit avoir donné à l'adopté, pendant sa minorité, des soins non interrompus pendant six ans au moins ; jouir d'une bonne réputation ; avoir plus de 50 ans et au moins 15 ans de plus que l'adopté. Les conditions imposées à l'adopté sont comme pour l'adoption à titre de récompense.

23. L'adoption ordinaire ou à titre de récompense doit se faire devant le juge de paix du domicile de l'adoptant. L'adopté doit être présent. Acte est passé de leur consentement respectif. Cet acte est transmis au procureur de la République pour que le tribunal prenne des renseignements convenables sur l'adoptant et l'adopté, examine les oppositions s'il en existe et vérifie si toutes les conditions imposées ont été remplies. Le jugement rendu par le tribunal de première instance est transmis à la cour d'appel, laquelle confirme ou rejette l'adoption.

24. Les frais à payer pour une adoption peuvent s'élever en tout à 200 francs environ.

25. Effets et conséquences de l'adoption. — L'adopté a le droit de joindre son nom au nom de famille de celui qui l'a adopté. Il aura les mêmes droits sur la succession que s'il était issu en mariage légitime de l'adoptant, quand même il y aurait d'autres enfants nés depuis l'adoption. L'adopté n'a aucun droit sur la succession des enfants de l'adoptant.

26. Si l'adopté vient à mourir sans enfant, les biens qu'il aura eus de l'adoptant et qui existeront en nature à l'époque

de son décès, retourneront à l'adoptant ou à ses descendants. Le surplus des biens seul appartiendra aux parents de l'adopté.

27. Le mariage est interdit entre l'adoptant et l'adopté et ses descendants, entre les enfants adoptés par un même individu, entre l'adopté et les enfants de l'adoptant, entre l'adopté et le conjoint de l'adoptant et réciproquement entre l'adoptant et le conjoint de l'adopté.

CHAPITRE II

Du mariage (1)

DES CONDITIONS REQUISES ET DES FORMALITÉS A REMPLIR SUIVANT LES CAS, DES EMPÊCHEMENTS, DES NULLITÉS DU MARIAGE, ETC.

1. L'homme avant 18 ans révolus et la femme avant quinze ans révolus ne peuvent contracter mariage. Des dispenses d'âge peuvent être accordées pour des motifs graves, telle que la grossesse de la future.

2. Le fils qui n'a pas ses 25 ans révolus, la fille qui n'a pas ses 21 ans révolus ne peuvent contracter mariage sans le consentement de leurs père et mère ; en cas de dissentiment le consentement du père suffit. Il suffit également si l'un des deux est mort ou se trouve dans l'impossibilité de manifester sa volonté. A défaut de père et de mère, les grands-pères et les grand'mères sont appelés à les remplacer. S'il y a dissentiment entre les deux lignes, ce partage emportera consentement.

(1) Il faut savoir qu'il y a une différence entre le contrat de mariage et l'acte de mariage.

Le contrat de mariage est l'acte notarié réglant les intérêts pécuniaires des époux. L'acte de mariage est l'acte de célébration de mariage à la mairie.

3. Si les futurs époux n'ont ni père ni mère, ni grands-pères ni grand'mères, et s'ils sont âgés de moins de 21 ans, il faut le consentement du conseil de famille, lequel se réunit à cet effet chez le juge de paix du canton où les futurs ont leur domicile.

4. Si les pères et mères, aïeuls ou aïeules ne peuvent être présents à l'acte de mariage, ils peuvent donner leur consentement par procuration passée devant notaire.

5. Lorsque les pères et mères, aïeuls ou aïeules ont refusé leur consentement, ou s'ils se trouvent dans l'impossibilité de manifester leur volonté, le fils qui a ses 25 ans révolus et la fille qui a ses 21 ans accomplis sont tenus, quand même, de leur demander conseil par un acte respectueux, notifié par un notaire et deux témoins.

Si à la première notification, le consentement n'est pas accordé, il doit en être fait une deuxième, un mois après, et au besoin une troisième encore un mois après. Un mois après le troisième acte respectueux, les futurs époux sont libres de contracter mariage.

A l'âge de 30 ans, un seul acte respectueux suffit.

6. La femme veuve ne peut se remarier que dix mois après la dissolution de son dernier mariage.

7. Empêchements. — Le mariage est prohibé en ligne directe entre tous les ascendants et les descendants légitimes ou naturels et les alliés dans la même ligne. En ligne collatérale il est interdit entre le frère et la sœur légitimes, l'oncle et la nièce, la tante et le neveu. Mais des dispenses de parenté peuvent être accordées pour des causes graves. Ces dispenses doivent être demandées au ministre de la justice par les futurs époux. La demande doit être signée d'eux et de leurs parents et être accompagnée des actes de naissance des futurs époux et des actes de naissance ou de mariage indiquant le degré de parenté.

8. Si l'un des futurs époux a déjà été marié et s'il a eu des enfants issus d'un premier mariage, l'acte de décès du pre-

mier mari ou de la première femme et les actes de naissance des enfants doivent aussi accompagner la demande. Les droits à payer dans ces circonstances pour les personnes non indigentes vont à 240 fr.

9. Le mariage est également défendu entre le grand-oncle et la petite-nièce, la grand'tante et le petit-neveu. Mais en ligne collatérale dans la parenté naturelle, c'est-à-dire résultant de la reconnaissance d'un enfant illégitime, l'interdiction n'existe qu'entre le frère et la sœur; de sorte que l'oncle peut épouser sa nièce naturelle et réciproquement.

10. Le mariage est permis entre l'oncle et la nièce par alliance.

Le mariage est interdit à celui qui a été condamné à une peine afflictive à perpétuité.

11. La polygamie étant interdite par nos lois, nul ne peut contracter un second mariage avant la dissolution du premier.

12. Mariages nuls. — Les nullités absolues sont au nombre de six : 1° La mort civile ; 2° le défaut d'âge ; 3° l'existence d'un premier mariage ; 4° la parenté au degré naturel ; 5° la clandestinité ou le mariage secret ; 6° l'incompétence de l'officier de l'état civil.

13. Validités. — Le mariage contracté par des époux qui n'avaient pas l'âge requis ne peut plus être attaqué : 1° s'il s'est écoulé six mois depuis que l'un des époux ou les époux ont atteint l'âge voulu ; 2° lorsque la femme qui n'avait point atteint cet âge, a conçu avant l'échéance des six mois. De plus, les parents qui ont consenti à un mariage contracté avant l'âge ne sont point admis à en demander la nullité.

14. Un second mariage contracté avant la dissolution du premier peut être reconnu valable si l'époux du premier mariage est en état d'absence déclarée. Mais cet époux est admis à attaquer la nouvelle union ; la question devient alors une question préjudicielle qui doit être jugée ; car le second mariage ne pourra être annulé qu'autant que le premier sera reconnu valable.

15. Dans certaines circonstances le mariage secret ou clandestin peut être maintenu s'il y a eu les publications prescrites.

16. Le mariage devant un officier de l'état civil, maire ou adjoint, procédant hors de sa commune, peut être déclaré valable.

17. Nullités relatives. — Les nullités relatives sont au nombre de trois : 1° le défaut de liberté dans le consentement des époux. Dans ce cas, c'est à l'époux dont le consentement n'a pas été libre à le prouver et à demander à la justice la nullité de son mariage.

2° L'erreur sur la personne. C'est aussi dans ce cas à l'époux qui a été induit en erreur à prouver la chose et à demander la nullité du mariage.

3° Le défaut de consentement des parents ou du conseil de famille. Sur ce point l'article 182 du Code civil dit que, dans ce cas, c'est aux parents ou au conseil de famille dont le consentement était nécessaire à attaquer le mariage. L'époux qui avait besoin de ce consentement peut aussi demander la nullité. L'action en nullité se prescrit après un an de la connaissance du mariage.

18. Des formalités qui doivent précéder le mariage. — Deux publications doivent être faites, à huit jours d'intervalle, un jour de dimanche, devant la porte de la maison commune du lieu où chacune des parties a son domicile légal. Si le domicile des parties ne comporte que 6 mois de résidence, les publications doivent, en outre, être faites dans la commune du dernier domicile.

19. Si les futurs époux ont, le futur moins de 25 ans et la future moins de 21 ans, les publications doivent avoir lieu dans la commune où leurs parents ou tuteurs sont domiciliés.

20. On peut obtenir la dispense d'une seconde publication pour des causes graves. La demande doit être adressée au procureur de la République.

21. Tout Français qui se marie à l'étranger doit faire faire ses publications de mariage en France sous peine de nullité.

22. Le mariage ne peut être célébré que le troisième jour qui suit celui de la seconde publication.

23. S'il n'a pas été célébré dans l'année des premières publications, il ne peut être célébré qu'après de nouvelles publications.

24. Pièces a fournir par les futurs époux suivant les cas, pour la célébration du mariage. — Il faut : 1° le certificat de publications de mariage ; 2° leur acte de naissance, s'ils sont nés dans une commune autre que celle où le mariage doit être célébré ; 3° l'acte de décès de ceux des pères et mères qui sont décédés ; 4° l'acte d'autorisation du conseil de famille, si les futurs époux sont mineurs ; 5° le certificat du notaire attestant qu'il y a eu contrat de mariage ; 6° le consentement par acte notarié, des parents, si les parents ne peuvent être présents au mariage ; 7° si les futurs époux ont déjà été mariés, l'acte de décès du conjoint décédé ; 8° s'il y a eu dispense d'âge, l'ordonnance prouvant cette dispense ; 9° la main-levée des oppositions au mariage, s'il en a existé ; 10° le procès-verbal du notaire concernant les actes respectueux, si ces actes ont été nécessaires.

25. Prescriptions diverses. — Le mariage doit être célébré dans la commune où l'on a au moins six mois de résidence. Il doit se célébrer publiquement à la mairie, c'est-à-dire les portes ouvertes avec admission du public.

26. Les parties fixent le jour de la célébration et l'heure est donnée par l'officier de l'état civil.

27. Le mariage doit se célébrer en présence de quatre témoins majeurs et jouissant de leurs droits civiques et civils. Un certificat attestant la célébration du mariage à la maison commune est délivré par le maire aux époux pour le mariage religieux.

28. Indigents. — Les personnes indigentes peuvent obtenir gratuitement les pièces exigées pour mariage, à l'aide d'un

certificat d'indigence délivré par le maire de leurs localités et visé par le juge de paix. Ces pièces ne devant servir qu'au mariage des indigents, ne peuvent être employées à d'autres fins, sous peine de 25 fr. d'amende.

CHAPITRE III

Des effets du mariage par rapport aux époux entre eux et par rapport aux enfants.

1. Le premier effet du mariage c'est d'émanciper de plein droit les époux mineurs et de les rendre ainsi habiles à administrer eux-mêmes leurs biens.

2. Un autre effet du mariage c'est que si les époux ont eu avant leur mariage des enfants naturels, ces enfants se trouvent légitimés s'ils ont été préalablement reconnus ou s'ils sont inscrits dans l'acte de célébration du mariage.

3. Les époux se doivent mutuellement fidélité, secours et assistance. Le mari doit protection à sa femme et la femme obéissance à son mari.

4. Les époux contractent ensemble, par le fait seul du mariage, l'obligation de nourrir, entretenir et élever leurs enfants. Ils doivent également fournir les aliments à leurs petits-enfants lorsqu'ils sont dans le besoin. Cette obligation existe, quels qu'aient été les torts des enfants envers leurs parents.

5. Si le fils mineur a des biens fonds, le père n'est plus dans l'obligation de lui fournir des aliments. Il en est de même si l'enfant peut gagner sa vie par son travail.

6. La femme est obligée d'habiter avec son mari et de le suivre partout où il juge à propos de résider ; de telle sorte que le mari peut employer la force publique pour, au besoin, la contraindre à habiter avec lui.

7. La femme, par le seul fait du mariage a, pour la sûreté

de ses droits, une hypothèque légale privilégiée, laquelle s'étend à tous les biens du mari.

8. La femme, aux termes du Code civil, ne peut donner, vendre, recevoir, hypothéquer, échanger, emprunter, acquérir, ni plaider sans l'autorisation de son mari.

Par contre le mari administre tous les biens de la femme, mais ne peut les vendre ou les échanger sans son consentement. Il est responsable de toute diminution de valeur des biens de sa femme si cette diminution de valeur a eu lieu par sa faute.

9. La femme ne peut être commerçante qu'avec l'autorisation de son mari. Dans ce cas, elle peut prendre des engagements en ce qui touche au commerce seulement, sans l'autorisation de son mari. Cependant si la femme, par contrat de mariage, s'est réservé l'administration de ses biens, l'autorisation du mari n'est pas nécessaire pour les administrer et en toucher les revenus. Le même droit existe lorsqu'il y a séparation de biens.

10. Le mari peut vendre, aliéner, hypothéquer les biens de la communauté sans le concours de sa femme.

CHAPITRE IV

Du contrat de mariage.

1. Le contrat de mariage est un acte notarié par lequel les futurs époux règlent avant le mariage leurs intérêts pécuniaires.

2. L'article 1387 du Code civil accorde aux époux la faculté de régler, à leur gré, la convention de leur mariage. La même faculté est accordée aux mineurs, s'ils sont assistés des personnes dont le consentement est nécessaire au mariage.

3. Quand un contrat de mariage est passé entre époux commerçants, la loi ordonne qu'un extrait de ce contrat soit

transmis au greffe du tribunal de première instance de l'arrondissement, par le notaire qui a reçu le contrat.

4. Aucunes modifications ne peuvent être apportées au contrat de mariage après la célébration du mariage. Les changements qu'on peut apporter au contrat avant la célébration du mariage doivent être faits en présence des mêmes personnes et être inscrits à la suite de la minute.

5. De ce qui peut être écrit au contrat. — Il peut être stipulé, au choix des parties : 1° que la communauté ne portera que sur ce qui sera acquis pendant le mariage ; 2° que le mobilier présent ou à venir n'entrera point en communauté, ou n'y entrera que pour une partie ; 3° que les époux paieront séparément les dettes contractées avant le mariage ; 4° que le survivant aura un préciput, c'est-à-dire un prélèvement avant partage sans préjudice de ses droits à la succession ; 5° que dans le partage de la communauté, les parts seront inégales ; 6° que s'il y a renonciation à la communauté de la part de la femme, elle pourra reprendre tout ce qu'elle y aura apporté en se mariant ; 7° que la communauté entière appartiendra à l'époux survivant ; 8° que la part dans la communauté devra être payée en espèces ; 9° que la communauté comprendra tous les biens meubles et immeubles, présents et à venir, etc., etc.

6. Les futurs époux peuvent encore stipuler par contrat de mariage qu'ils se marient sans communauté ou qu'ils se marient avec séparation de biens.

7. Des donations par contrat de mariage. — 1° Les pères et mères peuvent donner en dot aux futurs époux, à titre d'avancement d'hoiries, c'est-à-dire à prendre d'avance sur leur héritage, telle somme en espèces qu'il leur plaît de faire ou telle partie de leurs biens meubles ou immeubles qu'ils devront désigner. Il peut être stipulé en même temps que cet avancement d'hoirie fera retour au donateur pour le cas où les époux viendraient à décéder sans enfants, ou si les enfants venaient eux-mêmes à décéder sans postérité.

Les pères et mères peuvent aussi assurer à leurs enfants certains autres avantages, tels que, une rente, une exploitation, etc., etc.

2° Les futurs époux peuvent se faire donation d'une rente annuelle viagère payable au survivant à partir du décès de l'un des conjoints. Ils peuvent se faire donation l'un à l'autre de tous les biens meubles et immeubles dont se composera la succession du prémourant au jour de son décès, sauf les restrictions apportées par la loi selon les cas. Ils peuvent convenir que les biens de la communauté appartiendront en entier au survivant ; que s'il y a des enfants le survivant aura la jouissance de la portion disponible, etc.

3° Toute personne, sans ascendants ni descendants, s'intéressant aux futurs époux, peut leur faire donation de tout ou partie de ses biens meubles et immeubles, présents et à venir, pour en jouir à partir du jour de son décès.

Renseignements divers relatifs à la communauté.

1. Les donations d'immeubles qui ne sont faites pendant le mariage qu'à l'un des époux n'entrent point en communauté si le contraire n'est pas stipulé.

2. L'immeuble cédé à l'un des époux par ses parents, afin de remplir un engagement, ne fait point partie de la communauté, sauf indemnité.

3. L'immeuble acquis à l'un des époux pendant le mariage à titre d'échange n'entre point en communauté, sauf indemnité s'il y a eu soulte ou retour.

4. Si pendant la communauté le mari a acheté en son nom personnel, par licitation, un immeuble dont une portion appartenait à la femme par indivis, celle-ci, à la mort de son mari, a le choix ou de se faire restituer le prix de la portion d'immeuble vendue et qui lui appartenait, ou de garder

l'immeuble acquis par son mari, en remboursant à la communauté le prix de l'acquisition.

5. Le paiement d'une dette contractée par la femme avec le consentement de son mari peut être poursuivi sur les biens du mari et de la femme et sur ceux de la communauté.

6. Si la femme n'a contracté la dette qu'en vertu d'une procuration du mari, le créancier ne peut en poursuivre le paiement que sur les biens de la communauté et non sur les biens particuliers de la femme.

7. La femme, en cas d'absence prolongée de son mari, peut engager les biens de la communauté pour établir ses enfants, mais seulement avec autorisation de la justice.

8. Le mari qui s'est porté garant dans une vente que sa femme a faite avec son autorisation, a recours contre elle, s'il est inquiété, et réciproquement.

9. Pendant le mariage, le mari ne peut faire donation des biens appartenant à la communauté qu'en faveur des enfants communs qu'il s'agit d'établir ; mais il peut donner des meubles gratuitement à qui bon lui semble, pourvu qu'il ne s'en réserve pas l'usufruit.

10. Le mari a le droit de prélever sur la communauté, et non sur les biens de la femme, le prix de l'acquisition d'un immeuble toutes les fois qu'il a déclaré que cette acquisition était faite des deniers provenant de la vente d'un immeuble lui appartenant et pour tenir lieu de remploi. De même la femme, en ce qui la concerne, peut faire le même prélèvement, lequel peut se faire sur les biens de son mari si ceux de la communauté sont insuffisants.

11. S'il a été pris sur les biens de la communauté des sommes pour acquitter soit des dettes personnelles à l'un des époux, soit pour l'amélioration de ses biens personnels, il y a lieu à indemnité en faveur de la communauté au moment de la succession.

Renonciation à la communauté.

12. La femme seule peut renoncer à la communauté. Dans ce cas, elle perd ses droits sur les biens de la communauté. Elle ne peut même retirer aucun des objets en nature qu'elle a pu y apporter, tels que meubles, animaux domestiques, etc. Elle ne peut retirer que les linges et hardes à son usage; mais les immeubles lui appartenant lui restent ainsi que ceux acquis en remploi. Elle rentre aussi en possession des sommes des immeubles vendus, lui appartenant, s'il n'y a pas eu remploi.

13. La femme qui renonce à la communauté n'est tenue à aucune des dettes de la communauté au sujet desquelles elle n'a pas pris d'engagement. Elle reste responsable lorsqu'elle s'est engagée conjointement avec son mari, ou si la dette provient de son chef.

La renonciation doit être faite dans les trois mois au greffe. Inventaire de tous les biens doit être fait pendant ce temps. En cas de mort, ses héritiers peuvent également renoncer à la communauté.

14. La femme a droit, pendant les trois mois et quarante jours qui lui sont accordés pour faire inventaire, à sa nourriture, à celle de ses domestiques et à son logement.

CHAPITRE V

De la séparation de biens

1. Formalités. — La demande en séparation de biens n'est permise qu'à la femme lorsque ses droits et sa dot sont en péril par suite des mauvaises affaires de son mari.

La demande en séparation de biens doit être faite par le ministère d'un avoué qui en sollicite l'autorisation du président du tribunal civil. Cette demande est insérée dans l'un des journaux qui s'impriment dans le lieu où siège le tribunal et inscrite aux lieux indiqués par les art. 866 et 867 du Code de procédure civile, titre VIII. Un mois après les formalités ci-dessus remplies, le tribunal peut prononcer le jugement en séparation de biens, lequel jugement doit rester exposé pendant un an dans l'auditoire des tribunaux de première instance et de commerce. A défaut de tribunal de commerce, le jugement rendu doit être exposé dans la salle principale de la maison commune du domicile du mari.

Ces formalités ayant été remplies, la femme pourra commencer l'exécution du jugement, sans pour cela être obligée d'attendre le délai d'un an. Son premier acte sera de faire au greffe sa renonciation à la communauté.

2. Conséquences et obligations. — La femme séparée de biens doit contribuer aux frais du ménage ainsi qu'à ceux d'éducation des enfants. Elle doit supporter entièrement ces frais s'il ne reste plus rien au mari.

3. La femme séparée de biens est libre d'en reprendre l'administration. Elle peut disposer de son mobilier, mais ne peut vendre ses immeubles qu'avec l'autorisation de son mari ou de la justice.

Observations. — La communauté qui est dissoute soit par la séparation de biens, soit par la séparation de corps, peut être rétablie du consentement des deux parties par un acte passé devant notaire. Dans ce cas, la communauté est rétablie telle qu'elle existait auparavant, et absolument comme s'il n'y avait point eu de séparation.

Toute séparation faite sans l'intervention de la justice est nulle de plein droit.

CHAPITRE VI

De la séparation de corps

1. La femme peut demander la séparation de corps : 1° si elle peut établir que son mari tient une concubine dans le domicile conjugal ; 2° si son mari a été condamné à des peines afflictives ou infamantes tels que les travaux forcés à perpétuité, la déportation, les travaux forcés à temps, la détention, la réclusion, le bannissement, la dégradation civique ; 3° si son mari s'est rendu coupable d'excès, sévices ou injures graves envers elle.

Le mari peut demander la séparation de corps, quand il peut prouver que sa femme s'est rendue coupable d'adultère. Il peut aussi la demander si sa femme a été condamnée à une des peines afflictives ci-dessus mentionnées.

2. La séparation de corps ne peut être prononcée que par la justice ; par conséquent, toute séparation de corps volontaire est de nul effet aux yeux de la loi.

3. Toute demande en séparation de corps doit être présentée au président du tribunal de 1re instance de l'arrondissement par une requête relatant les faits motivant la demande en séparation.

4. Lorsque le président leur en donne l'ordre, les parties doivent se présenter devant lui au jour indiqué. Elles sont tenues de comparaître en personne ; par conséquent ne peuvent ni se faire remplacer, ni se faire représenter.

5. Si le président ne peut opérer un rapprochement, il renvoie les parties à se pourvoir au bureau de conciliation, et en attendant que le jugement soit rendu, autorise la femme à se retirer provisoirement dans telle maison dont les parties seront convenues et ordonne que les effets à son usage journalier lui seront remis. Elle ne doit pas quitter la maison qui lui a été désignée, pour aller résider autre part, sous peine de voir la demande en séparation annulée.

6. La demande en séparation de corps peut être obtenue gratuitement par la femme dépourvue de toutes ressources. A cet effet elle doit s'adresser au bureau de l'assistance judiciaire.

7. Lorsque la séparation de corps a été prononcée les époux sont dispensés de vivre ensemble. Les enfants sont d'ordinaire confiés aux soins de celui des époux qui a sollicité et obtenu la séparation ; mais tous les deux ils doivent contribuer aux frais d'entretien et d'éducation des enfants.

8. La séparation de corps impose toujours la séparation de biens.

CHAPITRE VII

De la Tutelle.

1. Toute personne qui n'a pas ses 21 ans révolus doit être pourvue d'un tuteur pour l'administration de ses biens et de ses revenus.

2. Les pères et mères sont *tuteurs* de droit de leurs enfants mineurs. Cependant le père, par testament ou par une déclaration faite devant le juge de paix ou devant notaire, peut nommer à la mère un conseil spécial sans lequel elle ne peut rien faire touchant les biens et revenus du mineur.

3. Une mère n'est pas tenue d'accepter la tutelle de ses enfants mineurs si elle ne le juge pas à propos. Si une mère tutrice veut se remarier elle doit convoquer le conseil de famille qui aura à décider si la tutelle doit lui être conservée. Dans l'affirmative, le second mari devient cotuteur et responsable sur ses propres biens des actes à venir de sa femme concernant la tutelle.

4. Si avant de se remarier la femme n'a pas convoqué le conseil de famille, son second mari devient non-seulement responsable des actes à venir relatifs à la tutelle mais encore des actes antérieurs.

5. Si au décès du mari la femme se trouve enceinte, un curateur, dit curateur au ventre, doit être nommé par le conseil de famille. La mère, à la naissance de l'enfant, devient tutrice légale et le curateur devient subrogé-tuteur de droit.

6. Le subrogé-tuteur a pour mission de veiller à la bonne administration des biens du mineur par le tuteur. Il a le droit de se faire présenter les comptes une fois par an et même de solliciter la révocation du tuteur en cas de mauvaise administration.

7. Tout subrogé-tuteur doit être pris dans la ligne opposée à celle du tuteur.

8. Les fonctions de tuteur sont gratuites. On ne peut refuser une tutelle que dans les cas suivants : 1° Si l'on a 65 ans révolus ; 2° si l'on est atteint d'infirmités graves ; 3° si l'on est père de cinq enfants légitimes, encore que ces enfants seraient morts, si toutefois ils sont morts au service de l'Etat ou s'ils ont laissé des enfants ; 4° si l'on est déjà chargé de deux tutelles ; 5° si comme père on est déjà chargé d'une tutelle ; 6° si étant ni parent, ni allié du mineur il existe des parents dans un espace de 40 kilomètres à qui on puisse conférer la tutelle.

9. Un tuteur qui atteint sa 70e année peut refuser une tutelle, ainsi qu'un militaire en activité de service. Quand une personne est nommée tutrice et qu'elle ne veut pas accepter pour l'une des raisons ci-dessus, elle est néanmoins tenue d'administrer les biens du mineur jusqu'à la nomination définitive d'un autre tuteur.

10. Toute personne qui a des raisons à donner pour refuser la tutelle, doit le faire par-devant le juge de paix dans les trois jours de sa nomination, passés lesquels ces raisons ne peuvent plus être admises.

11. Un tuteur doit toujours être pris autant que possible, dans la ligne paternelle et au plus proche parent. Ainsi à défaut de père ou de mère, la tutelle appartient au grand-père paternel, à son défaut elle doit être confiée à l'aïeul maternel.

12. Tout tuteur doit être pourvu d'un subrogé-tuteur nommé sur sa demande par le conseil de famille.

13. Ne peuvent être tuteurs : 1° les mineurs, excepté le père ou la mère ; 2° les interdits ; 3° les femmes autres que la mère et la grand'mère ; 4° ceux qui se trouvent en procès avec le mineur ; 5° ceux qui ont subi des condamnations à des peines infamantes ; 6° ceux dont l'inconduite est notoire ; 7° ceux dont l'honorabilité est fort douteuse.

CHAPITRE VIII

Des droits et des devoirs du tuteur. Du compte de tutelle.

1. Le tuteur est tenu d'administrer les biens et revenus du mineur au mieux de ses intérêts, avoir soin de lui et veiller à son éducation.

2. Il répond des dommages-intérêts qui peuvent résulter de sa mauvaise administration. Il ne peut acheter les biens du mineur ni les affermer, à moins que le conseil de famille, dans ce dernier cas, autorise le subrogé-tuteur à passer bail.

3. L'autorisation du conseil de famille est également nécessaire au tuteur pour emprunter pour le compte du mineur, ainsi que pour vendre, échanger ou hypothéquer ses biens, autorisation qui n'est accordée qu'en cas de nécessité absolue ou s'il en résulte un avantage sérieux pour le mineur.

4. La même autorisation est nécessaire pour soutenir les droits du mineur en justice ou accepter une donation, provoquer un partage, etc.

5. Quand il s'agit d'emprunter, de transiger, d'hypothéquer pour le compte du mineur ou de vendre une partie quelconque de ses immeubles, l'autorisation du conseil de famille doit être confirmée par le tribunal civil, en d'autres termes, soumise à son homologation.

6. DU COMPTE DE TUTELLE. — A la majorité de son pupille le tuteur doit lui établir son compte de tutelle détaillé, accompagné de toutes les pièces justificatives. Ce compte est rendu aux frais du mineur.

7. Le tuteur doit intérêt des sommes touchées pour le compte du mineur pendant la tutelle, si ces sommes sont restées improductives plus de 6 mois entre ses mains. Il doit intérêt à partir du jour de la clôture du compte de tutelle des sommes que, d'après ce compte, il a à compter à son pupille.

8. Tout traité ou sous-seing privé passé entre le tuteur et son pupille devenu majeur est nul, si le compte de tutelle n'a pas été rendu préalablement.

9. Relativement aux faits de la tutelle, le mineur devenu majeur a dix ans pour recourir contre son tuteur.

10. Lorsque le mineur a été simplement émancipé, il doit être assisté d'un curateur pour recevoir le compte de tutelle.

CHAPITRE IX

De l'émancipation.

1. L'émancipation est l'acte par lequel il est accordé au mineur le droit d'administrer lui-même ses biens ; mais avec certaines réserves.

2. Tout mineur est émancipé de plein droit par le mariage. Il y a entre le mineur émancipé et le mineur devenu majeur, c'est-à-dire ayant ses 21 ans révolus, cette différence, que le mineur devenu majeur a, sans réserve, la libre administration de ses biens, tandis que le mineur émancipé ne peut intenter aucune action en justice sans l'assistance de son curateur, qu'il ne peut ni emprunter, même marié, ni vendre, ni hypothéquer ses immeubles, ni faire aucun acte en dehors d'une simple administration, sans y avoir été expressément

autorisé par le conseil de famille. Il ne peut même passer un bail de plus de 9 ans.

3. Un mineur peut être émancipé par le père ou la mère à 15 ans révolus. S'il est émancipé pour le commerce, il peut engager et hypothéquer ses immeubles pour sûreté des obligations qu'il contracte, mais non les aliéner sans autorisation. S'il n'a ni père ni mère, il ne peut être émancipé qu'à 18 ans révolus sur la demande du conseil de famille.

Les demandes d'émancipation doivent être faites devant le juge de paix.

CHAPITRE X

Du conseil de famille.

1. Un conseil de famille est une assemblée nommée par le juge de paix pour veiller aux intérêts d'un mineur dont le père est décédé. Ce conseil est composé de six membres parents ou alliés du mineur, domiciliés dans la commune de celui-ci, ou à une distance de 20 kilomètres. Les membres du conseil sont pris moitié dans la ligne paternelle et moitié dans la ligne maternelle. A défaut de parents dans l'une des deux lignes, des amis domiciliés dans la commune du mineur peuvent être appelés à faire partie du conseil.

2. Dans toute affaire les membres d'un conseil de famille doivent être convoqués trois jours à l'avance, s'ils résident à moins de 30 kilomètres du canton. Au-delà, le délai doit être augmenté de un jour par 30 kilomètres.

3. Tout membre du conseil ainsi convoqué doit se présenter ou se faire représenter par un mandataire. A défaut, on se rend passible d'une amende qui peut être portée à 50 francs par le juge de paix et sans appel ; à moins que l'excuse donnée ne soit reconnue valable, comme le cas de maladie.

4. Pour qu'un conseil de famille puisse prendre une délibération, il faut la présence des trois quarts de ses membres.

5. Tout individu qui ne peut être tuteur pour les motifs énoncés au chapitre précédent ne peut non plus faire partie d'un conseil de famille.

6. Les conseils de famille ont pour mission de délibérer sur les actes du tuteur ou du mineur émancipé; ils nomment et révoquent au besoin les tuteurs. En outre, ils sont appelés, comme on l'a vu dans les chapitres précédents, à nommer les subrogés-tuteurs, à donner leur consentement au mariage d'un mineur, à autoriser les emprunts, les partages, les ventes d'immeubles appartenant au mineur, etc., etc.

CHAPITRE XI

Des inventaires.

1. L'inventaire est l'acte qui contient l'état des meubles, titres et papiers d'une personne décédée ou d'une personne interdite, en faillite ou disparue.

2. L'inventaire est nécessaire : 1° si, parmi les héritiers, il se trouve des mineurs, des absents ou des interdits ;

2° Lorsque les héritiers veulent conserver la faculté de renoncer à la succession ;

3° Lorsque les scellés ont été apposés et qu'il y a des opposants à leur levée ;

4° Si quelques-uns des héritiers sont dans les cas prévus aux articles 1048 et 1049 du code civil.

3. L'inventaire peut être requis : 1° par tous ceux qui se prétendent héritiers ; 2° par tout créancier autorisé soit par le président du Tribunal civil, soit par le juge de paix du canton où sont les biens.

4. L'inventaire doit être fait en présence : 1° de l'époux survivant ; 2° des héritiers présomptifs ; 3° de l'exécuteur testamentaire si le testament est connu ; 4° des donataires et légataires à titre universel.

5. Les créanciers qui s'opposent à la levée des scellés ont droit d'assister à l'inventaire.

6. Quand il y a apposition de scellés avant l'inhumation, l'inventaire ne peut être fait que trois jours après, et si l'apposition des scellés a été faite après l'inhumation, l'inventaire ne devra se faire aussi que trois jours après.

7. Si les héritiers ou quelques-uns d'eux sont mineurs il ne peut être procédé à l'inventaire qu'émancipés ou pourvus de tuteurs.

8. L'époux, au décès de sa femme, et l'épouse au décès de son mari, ne sont pas tenus de faire faire inventaire ; mais dans ce cas, ils perdent la jouissance des revenus de leurs enfants mineurs ; jouissance que la loi leur accorde lorsqu'il y a eu inventaire, iusqu'aux 18 ans accomplis des mineurs. Ils ont 40 iours pour faire inventaire.

9. Entre héritiers majeurs, quand des créanciers ne le requièrent pas, un inventaire du mobilier par acte notarié n'est pas nécessaire, pas même pour payer les droits. Un simple état estimatif et détaillé dressé par eux sur papier au timbre de 60 centimes suffit au receveur de l'enregistrement.

10. Les notaires, seuls, ont droit de faire les inventaires après décès, faillite, interdiction et déclaration d'absence, *lorsqu'ils sont prescrits*.

CHAPITRE XII

Des successions

1. Des indignes et des incapables en matière de succession. — Ne peuvent succéder : 1° Celui qui n'est pas encore conçu. Ainsi pour avoir droit à une succession il n'est pas nécessaire que l'on soit né au moment de la succession, mais que l'on soit *conçu*.

2° L'enfant qui n'est pas né *viable ;* c'est-à-dire qui est venu au monde mort-né.

EXEMPLES :

1er Cas. — Un père meurt laissant sa femme enceinte. L'enfant qu'elle porte a droit à la succession de son père décédé s'il naît *viable*. En conséquence, s'il vient à mourir, même le jour de sa naissance, la mère héritera de lui d'un quart et les autres héritiers auront à se partager les trois autres quarts de la part qui lui revenait du chef de son père.

2e Cas. — Si l'enfant n'est pas né viable, il ne peut lui être attribué aucune part dans la succession, et par conséquent il n'a pas d'héritiers.

2. Est incapable de succéder celui qui est privé de ses droits civils par suite d'une condamnation. Sont déclarés indignes de succéder et exclus de toute succession : 1° Ceux qui ont été condamnés pour avoir donné ou tenté de donner la mort au défunt ; 2° Ceux qui ont porté contre le défunt une accusation capitale jugée calomnieuse ; 3° Ceux qui, étant majeurs, et instruits du meurtre du défunt n'ont pas dénoncé ce meurtre à la justice.

3. Cas particuliers. — Si plusieurs individus parents au degré successible ayant moins de 15 ans, ont péri ensemble par naufrage ou autres accidents, le plus âgé sera présumé avoir survécu aux autres, c'est-à-dire avoir péri le dernier, et comme, tel sera le seul parmi ceux qui ont péri qui ne pourra être exclu de leur succession. Ses héritiers auront donc le droit de revendiquer sa part.

Si ceux qui ont péri ensemble se trouvent tous âgés de plus de 60 ans, le moins âgé sera présumé avoir survécu.

Si dans le nombre il s'en trouvait ayant 15 ans accomplis et moins de 60, le mâle est toujours présumé être mort le dernier, lorsqu'il y a égalité d'âge ou s'il n'y a qu'une différence d'une année.

S'ils étaient du même sexe le plus jeune est présumé avoir survécu au plus âgé.

4. Tout héritier, en acceptant une succession, prend l'obligation d'acquitter toutes les dettes de la succession.

CHAPITRE XIII

Des successions *(Suite)*

1. DES DEGRÉS DE PARENTÉ. — Les enfants sont parents au 1er degré avec leurs père et mère ; les grands-pères et grand'mères sont parents au 2e degré ; les frères et sœurs sont aussi parents au 2e degré ; l'arrière-grand-père et l'arrière-grand'mère sont parents au 3e degré de leurs arrière-petits-enfants ; les oncles et les tantes sont aussi parents au 3e degré avec leurs neveux et nièces ; le grand-oncle et la grand'tante sont parents au 4e degré avec leurs petits-neveux et petites-nièces ; les cousins germains sont aussi parents au 4e degré ; les enfants des cousins germains sont parents au 5e degré, et ainsi de suite.

2. Les parents ne succèdent pas au-delà du 12e degré.

3. En fait de parenté on appelle ligne *directe* la suite des personnes qui descendent directement l'une de l'autre. On appelle ligne collatérale la ligne qui représente la parenté venant d'un auteur commun, hors de la ligne directe ; comme les enfants des deux frères, etc.

4. On appelle ligne paternelle les parents qui composent la parenté du côté du père, et ligne maternelle les parents qui composent la parenté du côté de la mère.

5. On appelle frères *germains* des frères qui ont le même père et la même mère.

6. On appelle frères *utérins* les frères qui ont la même mère, mais qui n'ont pas le même père.

7. On appelle frères *consanguins* ceux qui ont le même père, mais qui n'ont pas la même mère.

8. ORDRE DE SUCCESSION. CAS ORDINAIRES. — Les enfants et leurs descendants succèdent à leurs père et mère, grands-pères et grand'mères et autres parents plus éloignés.

9. LIGNE DIRECTE. Ils succèdent par égale portion s'ils sont tous au premier degré ; ils succèdent par souche lorsqu'ils viennent par représentation.

10. La représentation est la faculté qu'ont les enfants de représenter dans une succession leurs parents décédés, et de faire valoir les droits que lesdits parents avaient à la succession. 1er cas. Supposez que vous ayez deux enfants, Pierre et Louis, mariés eux-mêmes et ayant chacun trois enfants. Si Louis vient à mourir, ses trois enfants le représenteront dans votre succession. C'est la représentation en ligne directe.

11. 2e cas. Supposons que le nommé Claude laisse pour héritier Jules, son frère, et Paul, Joseph et Charles, ses trois neveux, enfants de son frère Jacques, décédé. Sa succession devra être partagée en deux ; une moitié sera pour son frère Jules, et l'autre sera pour les enfants de son frère Jacques, décédé, qui partageront par tiers. C'est ce qu'on appelle la représentation en ligne collatérale.

CHAPITRE XIV.

Des successions *(Suite)*

1. Ordre de succession. Cas particuliers. — 1er cas. Quand une personne défunte n'a laissé ni enfants, ni petits-enfants, ni frère, ni sœur, *ni descendants d'eux*, la moitié de sa succession doit être attribuée aux ascendants de la ligne paternelle et l'autre moitié aux ascendants de la ligne maternelle.

2. On entend par *ascendants* les personnes dont on est descendu.

3. Dans le cas précité, l'ascendant qui se trouve au degré le plus proche recueille *seul* la moitié qui est affectée à sa ligne. Les ascendants au même degré partagent par tête.

4. Les ascendants ont *seuls* droit aux objets par eux donnés à leurs enfants ou descendants, morts sans postérité, si ces objets existent au moment de la succession. Si les objets donnés ont été vendus, ils ont le droit d'en retirer le prix s'il est

dû au moment de la succession. Ils ont également droit aux reprises auxquelles pouvait avoir droit le décédé en vertu de son contrat de mariage. C'est ce qu'on appelle le retour légal.

5. 2e cas. Lorsque le père et la mère d'une personne morte sans postérité lui ont survécu, si elle a laissé des frères, des sœurs ou descendants d'eux, sa succession doit se diviser en deux portions égales, dont une moitié est attribuée au père et à la mère, qui la partagent entre eux également. L'autre moitié appartient à ses frères et sœurs ou à leurs descendants, s'ils sont décédés.

6. 3e cas. Si la personne qui est morte sans postérité laisse des frères et sœurs ou des descendants d'eux d'une part, et de l'autre son père ou sa mère, la part qui devait être attribuée au *père* ou à la *mère* décédée, passe aux frères et sœurs ou à leurs enfants qui se trouvent ainsi avoir un quart de plus, soit les trois quarts de la succession.

Dans ce cas comme dans le 2e cas, le partage s'opère entre frères et sœurs par égale portion, s'ils sont tous du même lit. S'ils sont de lits différents, la part se partage par moitié entre les deux lignes paternelle et maternelle du défunt. Les frères de père et de mère prennent part dans les deux lignes et les frères de père, ou de mère seulement, ne prennent part chacun que dans leur ligne, et s'il n'y a des frères et sœurs que d'un côté, ils ont seuls droit à la part qui est attribuée à leur ligne.

7. 4e cas. Si une personne, morte sans enfants, ne laisse ni père ni mère, mais seulement des frères et des sœurs ou leurs descendants, ses dits frères et sœurs ou leurs descendants ont seul droit à la succession.

8. 5e cas. Si la personne décédée ne laisse ni frères, ni sœurs, ni descendants d'eux, et qu'il n'y ait des ascendants que dans une seule ligne, la moitié de la succession est attribuée aux ascendants survivants, et l'autre moitié aux parents les plus proches de l'autre ligne. Si ces derniers se trouvent parents au même degré, ils partagent leur moitié par tête.

5

Dans ce cas, l'ascendant survivant, père ou mère, a droit à la jouissance du tiers des biens auxquels il ne succède pas en propriété.

9. 6e cas. Les parents au-delà du 12e degré ne sont pas admis à succéder. Si donc il ne se trouve dans une ligne que des parents au-delà du 12e degré, les parents de l'autre ligne ont droit à toute la succession.

10. 7e cas. S'il n'existe dans l'une et l'autre ligne que des parents au-delà du 12e degré, la succession tombe en déshérence et, par conséquent, appartient à l'Etat.

CHAPITRE XV

Des successions *(Suite)*

1. ENFANTS NATURELS. — Les enfants naturels n'ont de droits sur les biens de leur père ou de leur mère que lorsqu'ils ont été reconnus dans les formes légales. (Voir au chapitre Ier, reconnaissance d'enfants.)

2. 1er cas. L'enfant naturel reconnu et qui a des frères et sœurs, enfants légitimes, n'a droit à la succession qu'au tiers de la part qu'il aurait eue s'il avait été enfant légitime.

3. 2e cas. Si le père ou la mère de l'enfant naturel ne laisse à leur décès aucun enfant légitime ou descendants d'eux, mais seulement des ascendants, ou des frères et des sœurs, l'enfant naturel reconnu a droit à la moitié de la succession.

4. 3e cas. S'il n'y a ni ascendants, ni descendants, ni frères, ni sœurs, l'enfant naturel a droit au trois quarts de la succession.

5. 4e cas. Si le père ou la mère de l'enfant ne laissent que des parents au-delà du 12e degré, l'enfant naturel reconnu a droit à toute la succession.

6. Les enfants légitimes de l'enfant naturel décédé, jouissent des mêmes droits, c'est-à-dire que la part de la succession attribuée à leur père ou à leur mère est attribuée à eux-mêmes.

7. Cas particulier. — Si du vivant de son père ou de sa mère, l'enfant naturel reconnu a reçu la moitié de la part à laquelle il a droit aux termes de la loi, il ne peut plus rien réclamer au décès de ses parents, si ces derniers ont déclaré dans l'acte de donation que cette moitié ne devra pas être dépassée au moment du partage de la succession.

CHAPITRE XVI

Des successions *(Suite)*
De l'acceptation et de la renonciation.

1. On est libre d'accepter ou de refuser une succession.

2. Les femmes mariées ne peuvent accepter une succession qu'avec l'autorisation de leur mari ou de la justice, et les mineurs qu'avec l'autorisation du tuteur assisté du conseil de famille.

3. La renonciation à une succession doit être faite au greffe du tribunal de 1re instance de l'arrondissement *où se trouve* la succession.

4. Celui qui renonce à une succession n'est tenu à aucune des charges de la succession, telles que les dettes, les droits d'enregistrement et autres frais.

5. Quand une succession n'est pas acceptée, comme étant trop chargée de dettes, les créanciers peuvent se faire autoriser, en justice, à accepter la succession.

6. On ne peut, du vivant de quelqu'un, renoncer d'avance à sa succession.

7. L'héritier qui a détourné ou recélé des objets appartenant à une succession perd le droit d'y renoncer.

8. On peut accepter une succession sous *bénéfice d'inventaire*. Dans ce cas, on n'est tenu au paiement des dettes de la succession que jusqu'à concurrence des biens qui s'y trouvent. En conséquence si, après avoir été inventoriés, on reconnaît que les biens seront insuffisants pour couvrir les dettes, on peut se décharger entièrement du paiement des dettes, en abandonnant les biens de la succession aux créanciers et aux légataires.

9. Un second effet d'une acceptation sous bénéfice d'inventaire, c'est de ne point confondre les biens personnels de l'héritier avec ceux de la succession, et de lui conserver le droit de réclamer à la succession ce qui peut lui être dû.

10. La déclaration d'acceptation d'une succession *sous bénéfice* d'inventaire doit être faite au greffe, dans les quarante jours qui suivent la clôture de l'inventaire, lequel inventaire doit être fait par acte notarié dans les trois mois, à partir du jour de l'ouverture de la succession.

11. Toute déclaration d'acceptation sous bénéfice d'inventaire est nulle, si, comme il vient d'être dit, il n'a pas été fait, dans les délais ci-dessus, un inventaire fidèle et exact des biens de la succession.

CHAPITRE XVII

Des scellés.

1. Les scellés devront être apposés : 1° si le mineur est sans tuteur ; 2° si l'époux survivant ou l'un des héritiers est absent ; 3° si le défunt était dépositaire public, tel qu'un notaire, etc.

2. Peuvent faire apposer les scellés ceux qui prétendent

avoir droit à la succession; 2° tous créanciers autorisés par la justice; 3° les personnes qui demeuraient avec le défunt, tels que ses serviteurs et domestiques, lorsque les héritiers se trouvent absents.

L'apposition des scellés sur tous les meubles et placards doit être faite par le juge de paix.

3. Les scellés ne peuvent être levés qu'au moment de la confection de l'inventaire.

4. Pénalités. — Tout individu commis à la garde des scellés, qui les aura laissé briser par négligence, sera puni d'un emprisonnement de six jours à six mois.

Quiconque, *à dessein*, aura brisé des scellés, pourra être puni d'un emprisonnement de six mois à deux ans; si c'est le gardien qui l'a fait lui-même, il sera puni d'un emprisonnement de deux à cinq ans.

CHAPITRE XVIII

Des partages.

1. Sauf conventions contraires tout héritier peut provoquer le partage d'une succession. En conséquence, il n'est pas nécessaire que tous les héritiers d'une même succession soient d'accord pour le partage; un seul suffit pour le provoquer.

2. Un partage peut être fait par acte sous-seings privés si tous les héritiers sont *présents* et *majeurs* et si tous savent signer; mais si tous les héritiers ne sont pas présents ou s'ils sont mineurs, le partage ne peut être fait qu'en justice.

3. Un héritier majeur qui ne peut être présent peut se faire représenter par un fondé de pouvoir.

4. Dans tout partage, les lots peuvent être faits par les cohéritiers eux-mêmes ou par un expert de leur choix. Ils peu-

vent se distribuer les lots amiablement ; mais si un seul demande qu'ils soient tirés au sort, les autres ne peuvent s'y refuser.

5. Si la *majorité* des copartageants reconnaît que le partage de telle ou telle propriété est incommode ou la déprécie considérablement, ou s'il est admis qu'une vente est nécessaire pour l'acquit des dettes et des charges, les autres copartageants ne peuvent s'opposer à la vente, soit par les moyens ordinaires, soit par licitation.

6. Si, après le partage fait, l'un des copartageants se trouve troublé dans la possession de son lot, comme si, par exemple, il ne pouvait exploiter lui-même le bien qui lui est échu, parce qu'il est exploité par un fermier qui est loin d'être à fin de bail, ou bien encore si l'un des immeubles composant son lot se trouvait vendu en vertu d'un acte de vente passé par le défunt, les autres cohéritiers sont tenus de l'indemniser, chacun en proportion de sa part, si toutefois les faits dont se plaint l'héritier lésé n'ont pas été constatés dans l'acte de partage.

7. Partage annulé. — L'annulation d'un partage peut être demandée en justice si l'un des copartageants est en état de prouver qu'il y a eu violence ou fraude, ou bien encore s'il est reconnu que le lot d'un des copartageants est d'un quart inférieur à celui des autres héritiers.

8. Les titres de propriété restent à celui qui a la plus grande part, ou au plus âgé si les parts sont égales, à charge de les tenir à la disposition des autres copartageants, en cas de besoin.

9. Tout héritier doit, au moment du partage, tenir compte de tout ce qu'il a pu recevoir du défunt par donation, directement ou indirectement, à moins que l'acte de donation ne spécifie que le don a été fait par préciput ou hors part, et que le donataire est exempt d'en faire compte à la succession.

10. Chaque cohéritier doit aussi faire rapport à la masse des sommes qu'il peut devoir à la succession.

11. Toute personne même parente du défunt, mais qui n'est pas héritière et à laquelle un des héritiers aurait cédé, par vente ou donation, son droit à la succession, peut être *écartée* du partage, soit par tous les cohéritiers soit par un seul, en lui remboursant le prix de la cession qui lui a été faite.

CHAPITRE XIX

Des partages faits par les père et mère ou autres ascendants.

1. Les pères et mères peuvent faire, de leur vivant, le partage de leurs biens entre leurs enfants.

2. Le partage ne peut porter que sur les biens présents et doit être établi par acte notarié. Il peut être fait par acte testamentaire.

3. Si au décès des pères et mères il se trouvent des biens qui ne figurent pas dans leur partage, ces biens seront l'objet d'un partage à part entre tous les héritiers.

4. Si à l'époque du décès le partage ne se trouvait pas fait entre tous les enfants existants, le partage serait complètement nul.

5. L'enfant qui trouve que son lot est inférieur d'un quart à celui des autres peut attaquer le partage ; ou bien encore si l'un des copartageants se trouvait avoir, par préciput ou hors part, un avantage plus grand que la loi ne permet. Toutefois, le partage ne peut être attaqué qu'au décès des pères et mères ou autres ascendants donateurs.

6. L'enfant qui attaque le partage doit faire estimer à nouveau par expert et faire l'avance des frais d'estimation. Si sa réclamation ne se trouve pas fondée, ces frais lui restent pour compte.

7. Par un arrêt du 16 août 1826, la cour de cassation a jugé que les pères et mères ne peuvent pas valablement donner tous leurs immeubles à l'un de leurs enfants et une somme équivalente à l'autre.

CHAPITRE XX

De la jouissance ou usufruit.

1. L'usufruit est la jouissance du revenu d'un bien appartenant à un autre.

2. La jouissance peut porter sur toutes sortes de revenus, tels que les fermages, les loyers, les intérêts à toucher, etc., et sur toutes sortes de produits, tels que les bois, les foins, les récoltes, les fruits, etc. Elle peut même être établie sur des choses d'agrément, telles que des statues, des tableaux, etc.

3. L'usufruit ou jouissance peut être hypothéquée et même vendue par expropriation forcée.

4. Toute amélioration est permise à celui qui a la jouissance d'une chose. Ainsi, il peut défricher une terre inculte pour en tirer un meilleur parti ; construire un fenil ou une maison dans le champ dont il a la jouissance pour abriter les récoltes ; monter un pressoir, même une usine, etc. Cependant il n'aurait pas le droit d'élever une construction contre le gré du propriétaire du fonds, s'il était démontré que cette construction n'est pas nécessaire.

5. L'usufruitier qui a construit un bâtiment dans le but de donner une plus-value à la propriété, n'a pas le droit de le démolir sans le consentement du propriétaire du fonds.

6. Il ne peut, pour être vendu, abattre aucun arbre de haute tige ; mais il peut en abattre pour les réparations auxquelles il est tenu. Il peut se saisir des arbres fruitiers morts

ou brisés par accident, à charge de les remplacer. Il peut prendre dans les bois, des échalas pour les vignes. L'élagage lui appartient. Les grands arbres morts ou déracinés par les vents appartiennent au propriétaire du fonds.

7. Il n'est tenu qu'aux réparations d'entretien ; les grosses réparations sont à la charge du propriétaire, à moins qu'elles ne soient le fait de la négligence de l'usufruitier. Les contributions de toute nature sont à sa charge.

8. Ni le propriétaire, ni celui qui a la jouissance de la chose ne sont tenus de rebâtir la chose qui a péri par vétusté ou par cas fortuit.

9. L'usufruitier peut jouir de la chose par lui-même ou louer ou donner à ferme. Il peut vendre sa jouissance ou la céder gratuitement.

10. Il ne peut renouveler un bail que trois ans avant son expiration. Ceux qui sont de longue durée ne sont valables que pour 9 ans, lorsque l'usufruit prend fin.

11. Si celui qui a la jouissance de la chose la laisse dépérir par négligence, le propriétaire peut le faire déclarer déchu de son droit ou l'obliger à donner caution.

12. Jouissance des pères et mères. — Le survivant des pères et mères a de droit la jouissance des biens appartenant aux enfants, et ce, jusqu'à 18 ans accomplis ; mais pour cela il faut qu'il ait fait un inventaire.

13. La mère survivante perd cette jouissance si elle se remarie.

14. Tout père ou mère qui a la jouissance doit pourvoir à la nourriture, à l'entretien et à l'éducation des enfants ; payer tous intérêts à payer et solder tous frais de dernière maladie et tous frais funéraires.

15. Si un enfant a été émancipé avant l'âge de 18 ans, la jouissance se perd à partir du jour de son émancipation.

16. Celui qui a la jouissance d'un bois taillis ne peut changer l'époque des coupes. Il peut vendre les dites coupes ou les donner à bail.

17. Celui qui a négligé de faire les coupes pendant sa jouissance, perd le droit de les faire, à partir du jour où la jouissance cesse.

18. L'usufruitier n'a droit aux baliveaux que quand les taillis sont soumis à des coupes réglées.

19. Celui qui a la jouissance d'un fonds de commerce peut le vendre et n'est tenu ensuite que d'en rendre la valeur à celui qui en a la propriété.

20. Celui qui a la jouissance des revenus provenant d'une somme d'argent, ne peut disposer de cette somme, mais il peut disposer des capitaux dont l'échéance arrive pendant sa jouissance, sauf toutefois à en faire compte à qui de droit à la fin de sa jouissance.

21. Si la jouissance porte sur des meubles, du linge, etc., l'usufruitier a le droit de s'en servir et peut les rendre à la fin de l'usufruit dans l'état où ils se trouvent. Il n'est tenu à des dommages-intérêts que s'il y a eu détérioration par sa faute.

La jouissance des meubles ne peut ni se vendre ni se louer, ni celle des animaux domestiques.

22. Obligations diverses. — On ne peut entrer en jouissance qu'après avoir fait dresser, en présence du propriétaire, un inventaire des meubles et un état des immeubles.

23. Si la jouissance passe aux héritiers d'un usufruitier, un nouvel inventaire est nécessaire.

24. Tout usufruitier, autre que le père ou la mère, doit fournir caution et doit jouir en bon père de famille. Celui qui ne trouve point de caution peut fournir un gage à la place ou faire prendre hypothèque sur ses propres biens.

25. Les pères et mères peuvent être privés de la jouissance des biens de leurs enfants s'il est démontré que les revenus sont employés à des dépenses frivoles plutôt qu'à nourrir, entretenir et instruire les dits enfants.

26. Le père usufruitier légal a droit d'exiger de ses enfants le remboursement des frais de construction d'une maison détruite par cas fortuit.

CHAPITRE XXI

Des testaments.

1. Les testaments peuvent être authentiques, c'est-à-dire faits devant notaire, ou olographes, c'est-à-dire *entièrement écrits, datés* et *signés* de la main du testateur.

Ces trois conditions sont indispensables pour qu'un testament olographe soit valable et ne puisse être attaqué pour vice de forme.

2. Une personne majeure peut faire elle-même son testament pour la totalité de ses biens, pourvu qu'elle l'écrive entièrement de sa main, qu'elle le date et qu'elle le signe.

3. Un mineur âgé de 16 ans accomplis, émancipé ou non, peut faire son testament, mais seulement jusqu'à concurrence de la moitié de ses biens. La femme mariée peut faire son testament sans l'autorisation de personne.

4. Un mineur ne peut tester en faveur d'un tuteur qui n'est pas son ascendant.

5. Un testament pourrait être considéré comme nul s'il portait une fausse date, et s'il était couvert de ratures non approuvées par le testateur.

6. Un testament olographe peut être fait en double, mais il faut que les doubles soient parfaitement conformes. Il peut être écrit en français ou en langue étrangère. Il peut être daté en chiffres.

7. Si une date se trouvait entièrement illisible, le testament serait nul.

8. Tout testateur doit signer de son nom de famille. Cette signature doit être nette, par conséquent ne présenter aucune altération.

9. Il convient de commencer ainsi son testament :

Ceci est mon testament. Puis après : *Je donne et je*

lègue à... etc... Cependant ces formules ne sont pas de rigueur ; elles peuvent être remplacées par d'autres.

10. Un testament écrit et signé au crayon est valable s'il est démontré que l'écriture et la signature sont de la main du testateur.

1. Un testament olographe est valable quand même le lieu où il a été fait n'est pas indiqué, et quand même les noms et prénoms du testateur ne sont pas indiqués dans le corps de l'acte. — Il peut être fait sur papier ordinaire.

12. On est libre d'annuler le testament que l'on a fait et de le remplacer par un autre, et ce, à volonté.

13. Tout héritier testamentaire doit faire enregistrer le testament avant la prise de possession de la chose léguée. Il a trois mois pour le faire. Il a également trois mois après le décès du testateur pour faire inventaire et quarante jours en plus pour accepter le legs ou y renoncer.

La renonciation doit être faite au greffe du tribunal civil. L'acte de renonciation coûte environ cinq francs.

14. Pour faire son testament la loi exige que l'on soit sain d'esprit.

15. Tout testament olographe peut être attaqué et annulé : 1° pour vices de forme, tels que le défaut de date, le défaut de signature ou si le dit testament n'a pas été écrit en entier de la main du testateur ; 2° s'il est prouvé que quand le testament a été fait, le testateur n'était pas sain d'esprit, mais atteint d'imbécillité notoire ; 3° si le testateur a été condamné à une peine afflictive ou infamante ; 4° Si le testament a été fait sous la pression d'une menace, ou si le testateur, en faisant son testament, a cédé à la violence ; 5° Si le testateur était âgé de moins de 16 ans.

16. Tout testament devant notaire peut être attaqué et annulé : 1° s'il n'a pas été reçu par deux notaires et deux témoins ou un notaire et quatre témoins ; 2° si le testateur se trouvait dans les cas précités, art. 15 ; 3° si le lieu où le testament a été passé et la demeure des témoins ne sont pas indi-

qués dans l'acte ; 4° s'il est prouvé que le testateur n'a pas dicté lui-même son testament, ou s'il n'a pas été écrit selon sa dictée ; 5° si, sur quatre témoins, deux au moins n'ont pas signé.

17. Les frais de timbre d'un testament et les honoraires, s'ils n'ont pas été payés par le testateur, sont à la charge de la succession ; mais les frais d'enregistrement sont à la charge de celui en faveur de qui le testament a été fait.

18. Un testament ne peut être fait en faveur des médecins, chirurgiens, officiers de santé et pharmaciens qui auront traité le testateur pendant sa maladie ; cependant, le testateur peut leur faire des dons par testament à titre de récompense pour les services rendus. La même règle s'applique aux curés, desservants et autres ministres des cultes.

19. Le sourd ne peut tester en aucune manière s'il ne sait ni lire ni écrire ; mais s'il sait lire et écrire, il peut faire son testament sous la forme olographe, c'est-à-dire de sa main et même par acte notarié. Le sourd-muet ne peut faire qu'un testament olographe s'il sait lire et écrire.

De la portion des biens dont un testateur peut disposer.

20. Un testateur ne peut disposer que de la moitié de ses biens s'il a un enfant à son décès ou des descendants de cet enfant. Il ne peut disposer que du tiers s'il laisse deux enfants, et du quart s'il en laisse trois ou un plus grand nombre.

21. Si le testateur ne laisse pas d'enfants à son décès, mais des ascendants dans les deux lignes, tels que les pères et mères, aïeuls, etc., il peut disposer de la moitié de ses biens. S'il n'y a d'ascendants que dans une ligne, il peut disposer des trois quarts.

22. Un testateur ne peut donner à une seconde femme que la portion d'un enfant le moins prenant. Ainsi, s'il y a trois enfants, il ne pourra donner que le quart de ses biens.

23. Quand il n'y a ni ascendants, ni descendants, un testateur peut disposer de la totalité de ses biens.

De la portion des biens dont peuvent disposer les époux entre eux.

24. Si l'époux donateur ne laisse pas d'enfants ou des descendants d'eux, il peut disposer en faveur de l'autre époux, s'il lui reste des ascendants dans les deux lignes : 1° de la moitié de ses biens en toute propriété ; 2° accorder en plus la jouissance de l'autre moitié revenant aux héritiers. S'il n'y a des ascendants que dans une seule ligne, il pourra disposer de la même manière des trois quarts de ses biens.

Si l'époux donateur laisse un ou plusieurs enfants ou des descendants d'eux, il ne pourra disposer en faveur de l'autre époux que d'un quart en propriété et un quart en jouissance, ou bien la moitié de ses biens en jouissance.

CHAPITRE XXII

Des donations entre-vifs

1. La donation est l'acte par lequel on fait *don* à quelqu'un d'un immeuble ou d'une rente quelconque. La donation peut s'étendre aussi aux meubles et à toutes sortes d'objets.

2. Tout acte de donation entre-vifs doit être *notarié*, par conséquent ne peut être fait sous forme de sous-seing privé.

3. Si, pendant le mariage, la femme peut donner par testament sans le consentement de son mari ou de la justice, ce consentement est nécessaire dans une donation par acte notarié.

4. Le mineur, qui peut disposer par contrat de mariage ou par testament comme on l'a vu, n'est pas autorisé à disposer par donation entre-vifs, même avec le consentement de son tuteur.

5. La femme ne peut accepter une donation qu'assistée de son mari, et le mineur, qu'assisté de son tuteur. Le père ou la mère d'un mineur peut accepter en son nom et pour lui.

6. Une donation peut être révoquée, c'est-à-dire annulée : 1° si le donataire (celui à qui est faite la donation) n'exécute pas les conditions de la donation ; 2° quand le donataire se montre ingrat envers le donateur, soit en attentant à sa vie, soit en se rendant coupable d'injures graves, soit en lui refusant des aliments ; 3° quand il survient un enfant au donateur, s'il n'en avait aucun de vivant au moment de la donation.

7. Une donation peut encore être attaquée dans la plupart des cas énoncés à l'article Testaments, chapitre XXI.

8. Les donations révoquées pour cause de survenance d'enfant ne peuvent revivre ni par la mort de l'enfant, ni par un acte du donateur, confirmant la donation. Un nouvel acte de donation en règle est nécessaire.

CHAPITRE XXIII

Des actes sous-seings privés.

1. On appelle *sous-seing privé*, ou acte sous-seing privé, tout acte passé entre particuliers sans l'intervention d'un notaire ou autre officier public.

2. Tout acte sous-seing privé doit être écrit sur papier au timbre de 60 centimes, sauf les billets qui paient un droit de timbre de 5 centimes par cent francs, et les quittances ou *reçus* sur lesquels on doit appliquer un timbre de 10 centimes toutes les fois que la somme reçue dépasse dix francs. On doit dater et signer la quittance sur le timbre même. Tout sous-seing privé écrit sur du papier non timbré paie une amende de 30 fr., et toute quittance au-dessus de dix francs non timbrée est soumise à une amende de 50 fr., plus les décimes.

3. Tout acte sous-seing privé doit être approuvé de la main même des personnes contractantes et *signé*. Tout acte sous-seing privé qui n'est pas signé de *toutes les personnes* contractantes est nul de plein droit. Dans les actes sous-seings privés où il est question d'engagements réciproques, il faut autant d'expéditions ou *doubles* qu'il y a de contractants.

4. Tout acte sous-seing privé doit énoncer : 1° les noms, prénoms, professions et domiciles des parties contractantes ; 2° la suite des clauses, conditions et obligations, article par article ; 3° indiquer le lieu où l'acte a été passé et dater en toutes lettres, en indiquant si l'acte a été fait double, triple, etc.

5. On doit éviter d'écrire sur l'empreinte du timbre, sous peine d'une amende de 12 fr.

6. Toutes ratures, toutes surcharges, tout renvoi doivent approuvés par chacune des parties contractantes.

7. Nul, sans une procuration en règle, n'est admis à signer un sous-seing privé au nom d'une des personnes contractantes.

8. Celui qui ne sait pas signer ne peut pas faire d'acte sous-seing privé. Une croix apposée par lui au lieu et place de signature et approuvée par deux témoins est de nulle valeur aux yeux de la loi. Un acte sous-seing privé fait dans ces conditions est nul de plein droit.

9. Un acte sous-seing privé peut être commencé ainsi :

Entre les soussignés :

M. B...., profession de........, demeurant à.........

d'une part;

Et M. C......... profession de......, demeurant à....,

d'autre part;

A été fait le bail suivant :

Ou bien :

A été convenu ce qui suit ;

Art. 1er, etc.

Et finir ainsi :

Fait double ou *triple........ (selon le nombre de personnes) à .... le .... mil huit cent ....*

Chacune des parties contractantes écrira le mot *approuvé* et signera au-dessous.

10. Les actes sous-seing privé doivent être enregistrés pour avoir date certaine, et éviter ainsi toute contestation par rapport à leur date.

11. Certains actes doivent être enregistrés dans des délais déterminés. Ainsi les actes de vente d'immeubles, les baux à ferme ou à loyer, les cessions et prolongations de baux, les actes accordant jouissance d'immeubles doivent être enregistrés dans les trois mois de leur *date*. Quant aux autres actes on n'est tenu à aucun délai.

12. Sauf dispositions contraires, en général, les frais d'enregistrement pour les ventes, les baux et autres actes du même genre sont à la charge des preneurs et acquéreurs. Dans les autres cas, les droits sont ordinairement à la charge de ceux à qui les actes profitent, comme une donation, un testament, un billet, etc.

13. La loi permet de faire, sous la forme sous-seing privé toutes sortes d'actes, excepté les suivants ; savoir :

1° Les contrats de mariage ;

2° Les donations entre-vifs ;

6

3° Les main-levées et constitution d'hypothèque ;

4° Les actes portant formation de sociétés anonymes ;

5° Les révocations de donation ou de testament ;

6° La reconnaissance d'un enfant naturel ;

7° Les actes respectueux pour le mariage ;

8° Les cessions de brevet d'invention.

Ce dernier acte peut se faire sous forme sous-seing privé, mais avec cette différence que si l'inventeur cède son brevet à un second preneur par acte notarié, cet acte annule le sous-seing privé passé avec le premier acquéreur du brevet qui se trouve ainsi déchu de son droit.

CHAPITRE XXIII

Des rentes viagères

1. La rente viagère est la rente que doit servir une personne à une autre, pendant sa vie, en retour d'une somme d'argent ou d'un immeuble cédé en toute propriété.

Une rente viagère peut être constituée par acte sous-seing privé, par acte notarié ou par testament, au profit de une ou plusieurs personnes. Elle peut être constituée au taux qu'il plaît aux parties de fixer. Ainsi, soit 10,000 fr. à placer à rente viagère ; le propriétaire de ce capital peut en demander le 8, le 10, le 12 pour cent et plus.

2. La rente viagère constituée au profit de plusieurs personnes ne s'éteint qu'au décès de la dernière personne.

3. Tout contrat de rente viagère créée au profit d'une personne qui était morte au jour du contrat, n'est d'aucun effet pour ses héritiers.

4. Cas de résiliation. — On peut exiger la résiliation du contrat si celui qui doit payer la rente ne donne pas les sûre-

tés qui ont été stipulées dans le contrat. De plus, le contrat est nul si la personne, au profit de laquelle la rente a été constituée, est morte dans les vingt jours de la date du contrat.

5. Le défaut de paiement de la rente ne donne pas le droit au rentier de se faire rendre l'immeuble ou la somme aliénée ; il ne peut que faire vendre les biens du débiteur de la rente et faire ordonner que la rente lui sera payée sur le produit de la vente.

6. Celui qui est tenu de servir une rente viagère ne peut la racheter ; il doit la servir pendant toute la vie du rentier.

7. Celui qui paie une rente viagère peut exiger du rentier un certificat de vie. Ce certificat est délivré par le maire sur l'attestation de deux témoins.

8. Dans l'acte de constitution de rente viagère on peut stipuler qu'à défaut de paiement de la rente, le rentier aura le droit de se faire rendre l'immeuble ou la somme sur laquelle porte la rente.

Le droit d'enregistrement est de 2 fr. pour cent sur le capital aliéné, valeur en immeuble, et un pour cent pour une somme d'argent, plus les décimes.

CHAPITRE XXIV

Des conventions et des ventes

1. Des conventions. — Les conventions ne sont valables qu'autant qu'il y a eu consentement réciproque et libre des parties contractantes. Elles sont nulles: 1° s'il y a eu violence ; 2° s'il y a eu fraude ou surprise, comme de traiter avec une personne ivre ; 3° s'il y a eu erreur évidente ; 4° si on a traité avec un mineur sans l'assistance de son tuteur ou avec une

femme mariée sans l'assistance de son mari ; 5° si l'on a traité avec des personnes à qui la loi interdit certains actes, dans certains cas. Ainsi le tuteur ne peut pas, pendant la tutelle, acheter le bien du mineur, ni le fondé de pouvoir, les biens qu'il est chargé de vendre.

2. On ne peut vendre ses droits à la succession d'une personne vivante, même avec son consentement.

3. Les conventions relatives au paiement de dettes de jeu ou de pari sont nulles.

4. La cour de cassation a jugé, dans son audience du 16 août 1848, qu'une dédite pécuniaire à propos de mariage n'est d'aucun effet vis-à-vis des parties. Les réclamations ne peuvent porter, en certains cas, que sur des indemnités.

CHAPITRE XXV

Des ventes.

1. Une vente peut être faite verbalement, ou par acte sous-seing privé ou par acte authentique.

2. Pour les ventes faites verbalement, on n'est admis à soutenir son droit par preuves, qu'autant que le prix ne dépasse pas 150 fr. Cependant, s'il y a un commencement de preuve par écrit, comme une lettre de l'une ou l'autre des parties, l'affaire peut se porter devant les tribunaux qui apprécieront.

3. Une vente sous-seing privé où il serait dit qu'il sera passé acte authentique, est valable quand même l'acte sous-seing privé ne serait pas remplacé par un acte notarié, comme il est dit.

4. Les marchandises vendues au poids et à la mesure sont aux risques du vendeur jusqu'à ce que l'acheteur les ait fait peser ou mesurer, à moins que l'acheteur ne les ait reçues

dans ses magasins. Si les marchandises ont été vendues en bloc elles sont aux risques de l'acheteur à partir du moment que le marché est conclu.

5. L'article 1,587 du Code civil dit, relativement aux choses qu'on est dans l'usage de goûter, tels que le vin, l'huile, etc., qu'il n'y a pas vente tant que l'acheteur ne les a pas goûtées et agréées (sauf conventions contraires).

6. Dans une vente à l'*essai*, il n'y a pas de vente tant que l'acheteur n'a pas déclaré que la chose lui convient, et si la chose vient à périr la perte est pour le vendeur, s'il n'y a pas de la faute de l'acheteur.

7. La promesse de vente vaut vente lorsqu'il y a consentement réciproque sur la chose et sur le prix. (Art. 1,589 du Code civil.) Si la vente a été faite avec des arrhes, le vendeur est libre d'y renoncer en doublant les arrhes et l'acheteur en en faisant l'abandon, pourvu toutefois qu'il n'y ait eu aucun contrat de vente de passé.

8. Les frais d'acte de vente sont à la charge de l'acheteur.

9. Obligations auxquelles le vendeur est tenu. — Le vendeur doit délivrer et garantir la chose qu'il vend. Il délivre lorsqu'il remet les clefs, lorsqu'il s'agit de bâtiments, et lorsqu'il remet les titres, quand s'agit d'une propriété. Si l'action de délivrer occasionne des frais, ils sont à la charge du vendeur. Ceux d'enlèvement de la chose sont à la charge de l'acheteur, sauf conventions contraires.

10. S'il a été arrêté que la chose se paierait en en prenant possession, le vendeur peut se refuser à la livrer, tant qu'elle n'est pas payée entièrement.

11. Dans les ventes d'immeubles, le vendeur est tenu de livrer la contenance convenue ; s'il y a impossibité absolue, il aura à supporter une retenue proportionnelle sur le prix de vente.

12. Si la contenance réelle comparée à celle fixée dans l'acte se trouve la dépasser d'un vingtième ou être au-dessous de plus d'un vingtième, chacune des parties contractantes a droit

de se faire tenir compte de la différence, sauf conventions contraires.

Les réclamations de ce genre, s'il n'y a pas accord, doivent être portées devant les tribunaux dans le délai d'une année.

13. Le vendeur, sauf conventions contraires, doit garantir à l'acheteur la paisible possession de la chose, et est tenu, avant la vente, s'il ne veut être recherché en dommages-intérêts, à lui déclarer les défauts cachés, ou les servitudes dont la chose peut être grevée, si c'est un immeuble.

14. Obligations de l'acheteur. — La première obligation de l'acheteur est de payer le prix convenu au jour dit et au lieu arrêté dans l'acte de vente.

15. Si le lieu où doit se faire le paiement n'a pas été indiqué dans l'acte, la cour de cassation a décidé que le dit paiement doit se faire au domicile de l'acheteur.

16. Quand une vente est faite à terme sans stipulation d'intérêt, l'acheteur doit l'intérêt à partir de la jouissance si la chose achetée produit des revenus à son profit. L'acheteur doit encore l'intérêt à partir du jour où il a pris l'engagement de payer, si à l'époque convenue il ne s'est pas acquitté.

17. L'acquéreur qui craint d'être troublé dans sa possession par une action hypothécaire, peut suspendre son paiement jusqu'à ce qu'il ait obtenu main-levée. Dans ce cas, l'acquéreur est tenu, quand même, de faire compte des intérêts au vendeur. Il ne peut les garder pour en disposer au profit des créanciers, si ces derniers ne les font pas saisir.

18. Quand même il a été stipulé qu'à défaut de paiement au temps dit, la vente sera résiliée de plein droit et regardée comme nulle, l'acquéreur peut obliger le vendeur à la maintenir tant qu'il n'a pas reçu du vendeur une mise en demeure par sommation.

Après une sommation de payer, il n'est plus facultatif aux juges d'accorder de nouveaux délais. (Code civil, art. 1,656.)

19. Si la vente porte sur des effets mobiliers, sur des denrées ou autres marchandises, le vendeur est libre de résilier la

vente, sans sommation, si l'acheteur n'a pas payé au temps dit et si aucune livraison ne lui a été faite. (Art. 1,657 du Code civil.)

Cet article, en vertu d'un arrêt de la cour de cassation, s'applique aux marchés conclus entre commerçants.

20. En fait d'immeubles, s'il y a résiliation de l'acte de vente par la faute du vendeur, ce dernier doit restituer les sommes qu'il a reçues plus les frais d'acte.

21. Cas de résiliation. — En fait de vente, outre les cas de résiliation énoncés aux articles 5, 6, 7 et 19 du présent chapitre, il faut encore citer les cas suivants :

1° Si, au moment de la vente, la chose ou une partie de la chose vendue se trouvait périe ; s'il ne se trouve qu'une partie de la chose de périe, l'acquéreur a le droit de garder le surplus à dire d'expert. Dans ces deux cas, il n'y a pas lieu à dommages-intérêts s'il n'y a pas de la faute du vendeur ;

2° Si le vendeur manque de livrer la chose vendue au temps dit, l'acquéreur pourra, à son choix, faire résilier la vente ou obliger le vendeur à livrer. Ce dernier peut même être condamné à des dommages-intérêts s'il y a eu préjudices causés à l'acquéreur ;

3° Le vendeur n'est pas obligé de livrer si l'acheteur est tombé en faillite avant paiement de la chose vendue ;

4° Quand une contenance désignée dans l'acte de vente se trouve dépassée d'un vingtième et qu'il en résulte pour l'acquéreur un supplément de prix, le dit acquéreur a le droit de renoncer à la vente, le tout sauf conventions contraires ;

5° Quand l'acheteur ne paie pas le prix convenu, le vendeur peut demander la résiliation de la vente ;

6° Quand il est prouvé que, dans une vente, le vendeur se trouve lésé de plus des sept douzièmes, comme, par exemple, de vendre moins de 5,000 fr. ce qui en vaut 12,000, il a le droit de demander l'annulation de la vente qu'il a faite, quand même il aurait pris l'engagement dans l'acte de ne pas rechercher l'acquéreur pour ce fait. Dans ce cas, la demande d'annulation doit être faite dans les deux années, à partir du jour de la vente.

Cette faculté n'est pas accordée à un acquéreur qui aurait acheté à un prix bien supérieur à la valeur de la chose.

Des ventes à réméré.

22. On appelle vente à *réméré* la vente où le vendeur se réserve la faculté de reprendre l'immeuble vendu dans un délai convenu, en remboursant à l'acheteur le prix de l'immeuble.

23. Le délai maximum pour rentrer en possession de l'immeuble vendu à réméré est de cinq années à partir de la date de la vente, et passé lesquelles l'immeuble reste définitivement acquis à l'acheteur.

24. Le vendeur n'est pas tenu, pour exercer son droit, de former une demande en justice, il lui suffit de faire connaître sa volonté à l'acquéreur en lui offrant de rembourser le prix de vente, les frais d'actes et ceux relatifs à des réparations que le dit acquéreur a pu faire à l'immeuble.

25. Le vendeur qui redevient ainsi propriétaire de son immeuble doit le reprendre exempt de toutes charges et hypothèques et doit exécuter les baux faits par l'acquéreur.

CHAPITRE XXVI

Des ventes par licitation.

1. La licitation est la vente aux enchères d'un ou de plusieurs immeubles indivis. Elle est autorisée pour sortir de l'indivision.

2. La licitation se fait volontairement ou en justice. Pour qu'elle puisse se faire volontairement, il faut que les personnes, qui veulent faire liciter, soient majeurs, présentes et maîtresses de leurs droits ; il faut, en outre, qu'elles soient toutes consentantes ; le refus *d'une seule* obligerait les autres à faire liciter par justice.

3. La licitation volontaire se fait devant un notaire. Les co-propriétaires indivis sont libres d'accepter les étrangers aux enchères ou de ne pas les accepter, car ils peuvent liciter entre eux.

4. Si la licitation se fait en l'absence d'étrangers, les co-propriétaires ne sont pas tenus, lors des enchères, d'accepter l'offre du plus fort enchérisseur comme celui-ci, avant la signature de l'acte, est libre de retirer son offre. La raison en est qu'une licitation de ce genre est essentiellement volontaire.

5. Il y a lieu de recourir à la justice : 1° quand l'un des propriétaires indivis ne veut pas consentir à la licitation volontaire ; 2° lorsque un ou plusieurs des licitants ne sont pas majeurs ; 3° lorsque un ou plusieurs des propriétaires indivis sont décidés à sortir de l'indivision.

6. On a le droit de faire liciter : 1° toutes les fois que les immeubles ne peuvent pas être partagés d'une manière commode, ou sans perte ; 2° toutes les fois qu'il est à peu près impossible de faire des lots égaux sans déprécier considérablement la propriété indivise.

7° La licitation en justice doit être précédée d'une demande en partage ; et ce n'est qu'après que les experts nommés par le tribunal ont reconnu que les biens ne sont pas susceptibles d'être partagés commodément, que la licitation est autorisée.

CHAPITRE XXVII

De l'administration des biens des personnes ayant disparu.

1. L'individu dont on n'a pas de nouvelles est dit *absent* ou disparu.

2. Une personne est censée avoir disparu si, après cinq années à partir du jour de son départ ou de ses dernières nouvelles, les tribunaux, après enquêtes, n'ont pu découvrir ce que l'absent est devenu. Alors, s'il y a nécessité, dans l'intérêt de la conservation des biens de l'absent, il doit être pourvu à l'administration desdits biens.

3. La demande doit être faite au tribunal par les personnes intéressées à cette conservation, tels que les héritiers, les créanciers, etc. Cette demande doit se faire après la 4e année d'absence bien constatée. Si, dans l'année qui suit, le tribunal n'a obtenu aucune nouvelle de la personne absente ou disparue, le jugement définitif de déclaration d'absence est prononcé, adressé au ministre de la justice et rendu public.

4. A partir de ce moment, les héritiers de la personne disparue peuvent demander à entrer en possession *provisoire* de ses biens. Cette demande doit être faite au tribunal qui a déclaré l'absence.

5. L'envoi en possession n'étant que provisoire, les héritiers sont soumis à une reddition de compte en cas de retour de l'absent, et, à cause de cette circonstance, doivent donner caution pour sûreté de leur administration. Les biens de la personne disparue ne sont entre les mains des héritiers intéressés qu'un dépôt dont ils doivent rendre compte en cas de retour de l'absent.

6. Si l'absent reparaît avant 15 ans, les héritiers qui ont pris possession sont tenus de lui rendre ses biens, plus le cinquième des revenus qu'ils ont touchés ; s'il ne reparaît

qu'après 15 ans, ils n'auront à rendre compte que des biens et du dixième des revenus. Après trente ans, ils ne sont tenus qu'à la remise des biens ; les revenus leur restent acquis.

7. Après 30 ans, les héritiers sont libres de faire le partage des biens pour en disposer comme ils l'entendront. La demande doit en être faite au tribunal. Il en est de même s'il s'est écoulé cent ans, à partir du jour de la naissance de l'absent.

8. Toutefois, la personne disparue ne reparaîtrait-elle qu'au bout de quarante ans et plus, qu'elle a le droit de rentrer en possession, non-seulement des biens présents, mais d'exiger le prix de ceux qui auraient été vendus, soit en nature, soit en argent; mais elle ne peut pas se faire faire compte des revenus.

9. Si, à une personne qui a disparu, il arrive un héritage à partager entre elle et d'autres héritiers, ces derniers pourront partager sans réserver la part de l'absent ; seulement s'il reparaît plus tard, il aura droit à sa part, mais non aux revenus.

10. Si dans le cas ci-dessus l'absent se trouve seul héritier par son degré de parenté, la succession passera aux parents du degré suivant, si l'absent n'a pas laissé d'enfants.

CHAPITRE XXVIII

De l'hypothèque.

1. L'hypothèque est un droit acquis sur les immeubles de quelqu'un pour assurer le paiement d'une obligation.

2. Il y a trois espèces d'hypothèques :

1° L'hypothèque *légale* qui est celle qu'ont de droit : la femme sur les biens de son mari, les mineurs sur les biens de leurs tuteurs, et les communes et établissements publics sur les biens des receveurs et administrateurs comptables ;

2° L'hypothèque *judiciaire* qui est celle qui résulte des jugements rendus par les tribunaux contre des débiteurs en faveur de leurs créanciers ;

3° L'hypothèque *conventionnelle* qui est celle dépendant des conventions intervenues entre particuliers.

3. Hypothèque légale. — L'hypothèque légale, c'est-à-dire établie par la loi au profit des femmes mariées pour la garantie de leur dot et de leurs conventions matrimoniales, tient le premier rang, et leur est acquise de droit. La même hypothèque est aussi acquise aux mineurs, aux interdits sur les biens des tuteurs administrateurs de leurs biens.

4. Les subrogés-tuteurs sont tenus, sous leur responsabilité personnelle et sous peine de tous dommages-intérêts, de veiller à ce que les inscriptions soient prises sans délai, au profit du mineur sur les biens du tuteur. Ils peuvent même les faire faire. Les inscriptions hypothécaires peuvent aussi être requises par la femme et par les mineurs ou par les parents de ces derniers, et même par des amis des mineurs.

5. L'enfant mineur à qui la loi donne une hypothèque légale contre son tuteur n'a pas d'hypothèque légale sur les biens de son père qui a géré ses biens personnels.

6. L'hypothèque légale diffère des autres hypothèques en ce qu'elle a toute son efficacité pour les femmes mariées et les mineurs, à partir du jour de la célébration du mariage à la mairie ou de l'acceptation de la tutelle ; elle prend rang à ces époques mêmes, quand même l'inscription n'en serait faite que plus tard.

7. La loi impose aux maris et aux tuteurs l'obligation de requérir sans délai, sur leurs biens présents et à venir, l'hypothèque légale de leurs femmes et de ceux qui sont sous leur tutelle. S'ils ne le font pas et qu'ils aient laissé prendre hypothèques sur leurs immeubles sans avoir déclaré expressément que lesdits immeubles sont grevés de l'hypothèque légale, ils pourront être considérés comme coupables de stellionat (*fraude*), et poursuivis comme tels.

8. L'acquéreur d'un immeuble grevé d'une hypothèque légale qui n'a pas été *déclarée et inscrite* au bureau du Conservateur pourra irrévocablement affranchir l'immeuble en notifiant son titre d'acquisition à la femme ou au subrogé-tuteur, suivant les cas, et au Procureur de la République.

9. De l'hypothèque conventionnelle. — L'hypothèque conventionnelle est celle qui dépend des conventions intervenues entre les particuliers et de leur forme.

10. L'hypothèque conventionnelle n'est valable qu'autant que la somme pour laquelle elle est consentie est certaine et qu'autant que l'acte constitutif déclare spécialement la nature et la situation des immeubles appartenant au débiteur.

11. L'hypothèque conventionnelle ne peut se constituer que par acte authentique, c'est-à-dire reçu par un notaire et deux témoins. Elle n'a d'effet que du jour de son inscription.

12. La stipulation d'hypothèque peut être faite dans l'acte notarié relatif à un emprunt, à un bail, etc. ; mais elle peut aussi être établie par acte authentique séparé.

13. La femme mariée ne peut hypothéquer ses biens sans le consentement de son mari.

14. La femme mariée, mais marchande publique, peut, dans certains cas, hypothéquer sans l'autorisation de son mari, pour s'obliger en ce qui concerne son commerce.

15. Si les immeubles grevés de l'hypothèque ont péri ou éprouvé des dégradations telles, qu'ils n'ont plus la même valeur et par conséquent sont insuffisants pour la sûreté du créancier, ce dernier peut, ou poursuivre immédiatement le remboursement de sa créance, ou exiger un supplément d'hypothèque. Par suite, le propriétaire d'une rente a aussi le droit d'exiger le remboursement du capital, si les immeubles sur lesquels la rente porte viennent à périr. Le débiteur dans ce cas ne peut se refuser au remboursement, même en offrant des sûretés nouvelles. (Ainsi jugé par la Cour de cassation, audience du 17 mars 1818.)

16. La même Cour a jugé que le mari qui *vend* un immeu-

ble sans déclarer qu'il est grevé de l'hypothèque légale ne peut être poursuivi comme coupable de fraude ou stellionat, comme dans le cas où il *consent* une hypothèque sans faire de déclaration.

17. Dans le cas où la valeur des immeubles d'un tuteur excède de beaucoup celle des immeubles de son pupille, il peut demander, sur l'avis favorable du Conseil de famille, contre le subrogé-tuteur, que l'hypothèque du mineur ne porte que sur des immeubles suffisants pour sa pleine et entière garantie.

18. Le mari peut faire la même demande dans les cas de ce genre, à l'égard de l'hypothèque légale de sa femme, mais avec son consentement et l'avis favorable des plus proches parents d'icelle.

Ces demandes doivent être jugées par les tribunaux.

19. Inscriptions et purge d'hypothèques. — Nous ne parlerons pas ici des formalités à remplir pour les inscriptions hypothécaires ni de celles qui ont rapport à la purge, ces formalités étant à peu près exclusivement de la compétence des notaires. Nous recommanderons seulement aux acquéreurs d'immeubles de toujours faire remplir les formalités de la purge avant de payer pour n'être pas exposés à payer une seconde fois et éviter ainsi, parfois, des procès fort coûteux.

20. Des hypothèques judiciaires et renseignements divers. — L'hypothèque judiciaire est celle qui est ordonnée par les jugements des tribunaux.

21. Tous jugements, soit contradictoires, soit par défaut, soit provisoires, soient définitifs, produisent hypothèque.

22. Les jugements rendus en pays étrangers ne donnent hypothèque que sur des biens situés en France.

23. L'acquéreur d'un immeuble affecté d'hypothèque est tenu de faire compte aux créanciers, non-seulement des capitaux sur lesquels l'hypothèque porte, mais encore de tous les intérêts échus.

24. Si l'acquéreur est un tiers-détenteur et qu'il ne veuille

remplir à ses frais les formalités de la purge des hypothèques, il peut s'affranchir de payer les créances dont les immeubles sont affectés, en délaissant ceux-ci aux créanciers.

25. On appelle généralement tiers-détenteur celui à qui l'immeuble a été revendu par un premier adjudicataire sur expropriation forcée.

26. Si le tiers-détenteur refuse, comme il en a le droit, de payer toutes les dettes inscrites, concernant l'immeuble qui lui a été adjugé et qu'il ne veuille non plus délaisser, ceux des créanciers qui n'ont pas été payés peuvent faire vendre les immeubles adjugés au tiers-détenteur, trente jours après commandement fait au débiteur principal ou premier acquéreur et sommation faite au tiers-détenteur de payer ou de délaisser. Dans cette situation, le tiers-détenteur peut exiger que ce qui reste encore d'immeubles grevés de la même hypothèque et qui n'auraient pas été vendus, soient vendus avant ceux qui lui ont été adjugés.

27. Des délais d'inscription. — La loi a laissé aux intéressés la liberté de prendre inscription lorsqu'ils le jugent à propos. Cependant, il est des cas où l'inscription doit avoir lieu dans un délai déterminé pour être valable. Ainsi : 1° pour que l'hypothèque prise sur les biens d'une personne en faillite soit valable, il faut qu'elle ait eu lieu plus de dix jours avant l'ouverture de la faillite ; 2° l'hypothèque qui n'est prise sur les immeubles d'une succession qu'après l'ouverture de cette succession, n'est pas valable, si la dite succession n'a été acceptée que sous bénéfices d'inventaire.

28. Du rang des hypothèques. — L'hypothèque légale occupe le premier rang ; quant aux autres, elles sont par ordre de date.

29. Les inscriptions prises le même jour ont le même privilège, l'une ne passe pas avant l'autre. En cas d'insuffisance, elles sont payées au marc le franc.

30. La transcription d'un acte de vente au bureau des hypothèques vaut inscription pour le vendeur.

31. De la durée de l'inscription hypothécaire. — L'effet de l'inscription dure pendant dix ans. Si l'on veut maintenir son droit, il est nécessaire de renouveler l'inscription avant les dix ans accomplis ; car s'il y a plusieurs inscriptions, on perd son rang, si on ne fait renouveler qu'après les dix ans accomplis, serait-ce le lendemain même. Les frais de renouvellement sont à la charge du débiteur.

32. L'hypothèque prise en garantie d'un capital produisant intérêt, garantit non-seulement ledit capital, mais encore les intérêts de deux ans, plus ceux de l'année courante : soit les intérêts des trois dernières années.

CHAPITRE XXIX

De la procédure.

1. De la justice de paix. — On doit s'adresser au juge de paix dans les cassuivants :

1° Pour toutes réclamations personnelles ou mobilières ne dépassant pas 200 fr., avec faculté d'en appeler pour les valeurs dépassant 100 fr.

2° Toutes réclamations relatives à des troubles sur la possession d'un immeuble, d'un cours d'eau, d'une prise d'eau, etc., quelle qu'en soit la valeur, mais à charge d'appel.

3° Toutes contestations avec hôteliers, aubergistes, dépenses d'hôtellerie, pertes d'effets dans les hôtels ; avaries causées aux effets des voyageurs, fournitures pour réparations aux voitures, salaires aux voituriers, frais de route et perte d'objets, dégradations faites par les locataires ; indemnités réclamées pour défaut de jouissance, le tout jusqu'à la valeur de 100 fr. sans appel et de 1,500 fr. à charge d'appel. En ce qui a rapport aux incendies, les juges de paix ne peuvent décider que jusqu'à concurrence de 200 fr.

4° Ils peuvent aussi juger sans appel jusqu'à la valeur de 100 fr. et avec appel indéfiniment, les réclamations ayant trait aux fermages, aux loyers, aux congés, aux demandes de résiliation et d'expulsion, aux demandes de saisie-gagerie pourvu que la location ne soit pas au-dessus de 400 fr., et généralement toutes les réclamations ayant trait aux travaux des champs, aux arbres, aux haies, aux fossés, aux dommages faits aux récoltes.

5° Ils ont aussi le droit de statuer de la même manière au sujet des contestations concernant les réparations locatives, les salaires des ouvriers, des domestiques et gens à gages.

6° Ils peuvent juger toute action en diffamation, injures publiques ou non publiques, verbales ou par écrit, les voies de fait, lorsque les parties n'ont pas dénoncé l'affaire au procureur de la République pour la faire juger en police correctionnelle.

7° Doivent être aussi portées devant eux toutes contestations relatives à des bornages, à des distances, à des plantations d'arbres ou de haies, à des constructions, à des mitoyennetés, à des puits, à des passages, à des cheminées, à des demandes de pension alimentaire des parents à leurs enfants lorsque ces demandes ne dépassent pas 150 fr. Au sujet de toutes ces réclamations on peut en appeler de la décision du juge de paix.

2. On ne doit donner aucune citation avant d'avoir préalablement convoqué les parties devant le juge de paix, au moyen d'un avertissement, lequel est délivré par le greffier sur papier non timbré. S'il n'y a pas arrangement, ou s'il y a défaut de comparution de l'une des parties, une citation en règle peut être ordonnée par le juge de paix.

3. Dans les cas qui demandent de la célérité, le juge de paix peut donner à l'huissier la permission de citer.

4. Il doit y avoir *un jour* au moins entre celui de la citation et le jour indiqué pour comparaître, à moins que la distance ne soit de plus de 30 kilomètres. Dans ce cas il doit y avoir un jour par 50 kilomètres en plus.

5. Si les délais n'ont pas été observés et que pour cette raison le défendeur ne comparaisse pas, les frais de cette première citation sont à la charge du poursuivant.

6. Dans les cas pressants, le juge est libre d'abréger les délais et peut permettre de citer dans le jour même.

7. Le délai pour appeler *en conciliation* par billet d'avertissement est de trois jours quand la somme contestée dépasse 200 fr. Le jour de la citation, comme le jour de l'avertissement, n'est pas compté.

8. Pour les réclamations ayant rapport à des choses personnelles ou mobilières, telles que les demandes de résiliation, les contestations relatives entre maîtres et domestiques, les paiements de capitaux, etc., etc., le poursuivant doit porter la cause devant le juge de paix du domicile du défendeur, c'est-à-dire de celui contre lequel on réclame.

9. Lorsque les contestations se rapportent à des faits litigieux, tels que des dommages faits aux champs, aux arbres, aux bâtiments, etc., la cause doit se porter devant le juge de paix du canton où se trouvent les objets sujets à réclamations.

10. Il faut savoir qu'il y a une différence entre une convocation par-devant le juge de paix sous forme d'appel en conciliation par billet d'invitation et l'appel en conciliation proprement dit.

En effet, l'appel en conciliation proprement dit est l'obligation à laquelle sont tenues les parties de comparaître devant le juge de paix en vertu d'un jugement du tribunal, pour s'entendre, si c'est possible, sur leur différend avant de porter la chose devant le tribunal de première instance. De plus, dans ce cas, l'appel en conciliation ne peut se faire que sous forme de citation. La partie qui ne comparaît pas peut être condamnée à 10 fr. d'amende et toute audience lui est refusée pendant qu'elle n'a pas payé.

11. On peut être dispensé de l'appel en conciliation qu'on vient de citer : 1° pour les demandes qui intéressent

des mineurs et relatives à des successions ; 2° les demandes en matière de commerce ; 3° les demandes de main-levée sur saisie ou opposition ; 4° celles qui ont rapport à des paiements de loyers, fermages, rentes, frais d'avoué, à des remises de titres, à des saisies, à des séparations de biens, à des tutelles, et quelques autres.

12. Condamnation. Opposition. Appel. — Quand une des parties appelées en justice de paix ne comparaît pas, elle est condamnée *par défaut*.

13. La personne condamnée par défaut a trois jours pour se pourvoir contre le jugement rendu contre elle ; c'est ce qu'on appelle *opposition*.

Cette opposition doit se faire par ministère d'huissier ; mais si la personne qui a fait ainsi opposition se laisse encore condamner par défaut à l'audience indiquée, elle n'est plus admise à faire une nouvelle opposition et est définitivement condamnée, à moins que l'affaire soit de celles qu'on peut en appeler au tribunal de première instance. (Voir les articles 1 à 7 du présent chapitre.)

13 *bis*. Dans le cas où la chose est autorisée, on a 30 jours pour en appeler de la sentence du juge de paix, si l'on est domicilié dans le canton. Hors du canton on a en plus un jour par 50 kilomètres de distance.

14. On peut comparaître en personne en justice de paix ou se faire représenter par un fondé de pouvoir.

15. Toute citation en conciliation interrompt la prescription et fait courir les intérêts à partir du jour de la non-conciliation.

16. Si l'une des parties, par exemple le poursuivant, peut établir que le juge de paix devant qui est portée l'affaire, a un intérêt quelconque à cette affaire, ou qu'il est parent ou allié jusqu'au degré de cousin germain avec la partie adverse, ou qu'il a personnellement des discussions d'intérêt avec le poursuivant, ce dernier a le droit de faire porter l'affaire devant un autre juge de paix. La demande doit être faite par huis-

sier au greffier qui la communiquera au juge de paix, qui aura à déclarer dans les deux jours s'il consent à s'abstenir. Si le juge de paix refuse de s'abstenir, son refus sera déclaré au procureur de la République par le greffier, sur la réquisition du poursuivant.

Le tribunal jugera en dernier ressort si le juge de paix doit s'abstenir ou non.

17. Des indemnités a payer aux juges de paix. — Quand un juge de paix est appelé sur les lieux, il ne lui est rien dû si la distance parcourue ne dépasse pas cinq kilomètres. A plus de cinq kilomètres il lui est dû cinq francs, et six francs par jour si la distance dépasse dix kilomètres.

18. Appel. — On peut en appeler des décisions du juge de paix aux tribunaux civils de 1re instance dans les cas indiqués aux articles 1 à 7 du présent chapitre.

19. On doit en appeler dans les délais que nous avons indiqués, et à cet effet se faire représenter par un avoué de son choix, auquel l'affaire devra être confiée.

20. La cause ne peut être défendue devant les tribunaux civils que par un avocat de son choix. Cependant l'article 85 du code de procédure permet aux parties de plaider elles-mêmes leur cause, mais assistées de leurs avoués. Le tribunal a le droit de leur retirer la parole s'il reconnaît que la discussion manque de clarté.

21. Si au jour dit pour l'audience l'une des parties n'est pas représentée par un avoué, il est rendu contre elle un jugement par défaut; mais elle est admise à faire opposition à ce jugement dans un délai de 8 jours si ce n'est son avoué qui n'a pas comparu, et jusqu'à exécution du jugement par défaut, s'il n'y a pas eu d'avoué pour la représenter.

L'opposition à une condamnation par défaut doit être faite aussi par ministère d'avoué.

22. Cours d'appel. — On peut aussi en appeler aux cours d'appel des jugements rendus par les tribunaux de première instance.

23. Le délai pour interjeter appel est de deux mois à partir du jour de la signification du jugement.

24. Quand on veut en appeler d'un jugement, il faut éviter de payer les frais dudit jugement ; car alors on aurait ce qu'on appelle *encaissé* le jugement et on serait déchu de son droit d'appel.

24 *bis.* Tout recours à la Cour d'appel ne peut avoir lieu que par ministère d'avoué.

25. Cour de cassation. — Celui qui a été condamné en Cour d'appel a aussi deux mois à partir du jour de la signification qui lui est faite du jugement, pour en appeler à la Cour de cassation à Paris ; mais il ne faut pas perdre de vue que cette Cour ne s'occupe pas du fond des affaires. Tout son rôle consiste à examiner si le jugement rendu l'a été conformément aux prescriptions de la loi. Donc, si l'on suppose que dans le jugement rendu en Cour d'appel, la loi n'a pas été violée, que les formalités prescrites par le code de procédure ont été observées, qu'il n'y a pas eu excès de pouvoir, que s'il y a eu deux jugements de rendus, ces jugements ne sont pas en opposition ; inutile alors de soumettre l'affaire à la Cour de cassation.

26. Celui qui veut se pourvoir en cassation doit consigner d'avance la somme de 150 francs.

27. Frais de justice. — Quand des frais résultant d'une procédure paraissent trop élevés on peut exiger un certificat de taxe des avoués. Ce certificat étant délivré par le tribunal, est conforme aux tarifs civils reconnus par la loi ; on peut être sûr alors que rien n'y est exagéré.

27 *bis.* Toute personne qui n'a pas les moyens de soutenir un procès ou une réclamation en justice, peut obtenir que les frais de son procès soient avancés par le Trésor public. A cet effet elle doit adresser une demande sur papier libre au procureur de la République, accompagnée d'un extrait du rôle des contributions, d'un certificat négatif du percepteur, une déclaration par laquelle elle affirme qu'en raison de son

indigence il lui est impossible de soutenir ses droits en justice. Cette déclaration devra relater ses moyens d'existence et être confirmée par le maire de la commune. Celui qui fait une démande de ce genre, frauduleuse, peut être condamné à 100 fr. d'amende et de huit jours à six mois de prison.

CHAPITRE XXX

Du bail à loyer et du bail à ferme.

1. On peut louer verbalement ou par écrit, soit par acte devant notaire, soit par sous-seing privé.

2. Quand un bail est fait sans écrit, si le preneur n'a pas pris possession ou fait acte de possession de la chose louée, soit par l'occupation des immeubles loués, soit par des travaux, tels que l'ensemencement des terrains, les coupes de bois, etc., le preneur comme le bailleur sont libres de tenir ou de ne pas tenir leurs engagements, car la preuve par témoins ou par les autres données n'est pas admise.

3. Lorsque à propos de bail passé sans écrit il y a contestation sur la location convenue, le propriétaire est cru sur serment, si aucune quittance n'est produite par le preneur. Dans ce cas, le locataire ou fermier a le droit de faire évaluer par expert. Les frais sont à la charge de celui qui se trouve avoir tort.

4. Le preneur a toujours le droit de sous-louer sous sa responsabilité et de céder son bail, s'il n'y a conventions contraires.

5. Si le bailleur veut, pour la sûreté du fermage, prendre hypothèque sur les biens du preneur, il faut que le bail soit fait par acte devant notaire.

6. Le bail d'un aubergiste ou d'un débitant n'a de valeur

aux yeux de l'administration des contributions indirectes qu'autant qu'il est notarié, soit en ce qui concerne les immeubles loués à lui-même, soit pour ceux qu'il sous-louerait à un particulier non débitant.

7. Si, en passant un bail, une étrenne dite pot-de-vin a été payée par le preneur et stipulée dans le bail, le preneur peut se faire rembourser la somme si elle est un peu élevée, au cas où le bail viendrait à être résilié par le fait du bailleur, à moins de conventions contraires.

8. Le paiement des fermages ou locations doit se faire au domicile du preneur à moins de stipulations contraires.

9. Le bailleur n'a droit à des intérêts, relativement à des locations en retard, qu'à partir du jour où la demande en est faite en justice, et non à la suite d'un commandement de payer.

9 bis. La location des biens appartenant à des femmes mariées non séparées de biens ne doit se payer qu'au mari, et celles se rapportant à des biens de mineur, qu'au tuteur. Les femmes et les mineurs n'ayant pas qualité pour délivrer quittance, toute personne qui aurait ainsi payé s'exposerait à être appelée à payer une seconde fois, si le mari ou le tuteur contestait le paiement.

9 ter. En cas de faillite du bailleur on doit payer au syndic de la faillite. En cas de vente de l'objet loué, on doit payer à l'acquéreur s'il a fait signifier son contrat au preneur.

10. En cas de saisie le preneur ne doit payer qu'entre les mains de l'huissier qui a fait la saisie, ou entre les mains du nouvel acquéreur, s'il y a lieu, d'après le cahier des charges.

11. Les quittances de location ou de fermage délivrées dans l'année de la vente et après la dite vente, au locataire ou au fermier, par le bailleur, sont valables si elles se rapportent à des locations échues, et lui sont acquises si l'acquéreur n'a pas notifié son titre au preneur, le tout sauf stipulations contraires entre le vendeur et l'acquéreur.

12. Sauf conventions contraires, le propriétaire d'une

maison peut laisser au compte des locataires les contributions des portes et fenêtres. Elles sont dues par eux en plus de la location, quand même rien ne serait stipulé dans le bail sous ce rapport.

13. Tout fermier d'un domaine ou d'une exploitation rurale est tenu de payer au percepteur les contributions qui frappent la dite exploitation, que ce paiement soit en déduction de son fermage ou non. Le bailleur aurait-il pris l'engagement de les payer lui-même, que s'il ne le fait pas au temps dit, le percepteur peut obliger le fermier à payer.

14. De même si le propriétaire d'une maison ne paie pas les impôts que la loi laisse à sa charge, le percepteur peut les exiger des locataires, lesquels ont recours contre le propriétaire.

15. Les impôts extraordinaires ne sont jamais à la charge du locataire qui peut refuser de les prendre en compte quand même le bail lui en ferait une obligation.

16. Tout locataire ou fermier est responsable de l'incendie si le feu *prend chez lui*, quand même la maison se trouverait assurée, à moins qu'il ne prouve que le feu a été l'effet de l'explosion de la foudre, ou qu'il a été mis par une main criminelle, ou qu'il est le résultat d'un vice de construction, comme une cheminée lézardée. Hors ces cas il est tenu de tous les dégâts faits aux bâtiments.

17. Des Congés. — Quand un fermier a un bail authentique ou un bail sous-seing privé *enregistré* il ne peut être expulsé pour cause de vente de la chose louée avant la fin de son bail, sans son consentement. Si le bail n'a pas été enregistré en temps voulu ou s'il n'y a pas eu de bail écrit, il peut être expulsé au temps fixé par l'usage des lieux, et ce, sans dommages-intérêts, si on lui signifie son congé dans les délais voulus et établis par l'usage : ces délais sont dans la plupart des localités de six mois d'avance pour les biens ruraux, les usines et les fabriques, de six mois pour les rez-de-chaussées servant de magasin, et de trois mois dans les autres cas. La

sommation par huissier est à la charge de celui qui donne congé. Elle peut être remplacée, si le locataire y consent, par une déclaration signée de lui de sortir à l'époque convenue. De plus, si à l'époque dite le fermier ou locataire n'a pas quitté les lieux, on ne peut plus l'expulser qu'en vertu d'un jugement.

18. Les congés signifiés par-devant témoins sont de nul effet. Les congés consentis dans une quittance de loyer sont valables si la personne qui reçoit la quittance sait lire, sauf le cas de surprise ou de violence bien constatée. Toutefois ce cas est laissé à l'appréciation des tribunaux.

19. Si un propriétaire, en vertu des arrangements qui ont eu lieu, doit des indemnités à un locataire ou à un fermier sortant, ces derniers ne sont tenus de quitter les lieux qu'après paiement des indemnités, le tout sauf conventions contraires.

20. Quoiqu'il ait été arrêté dans un bail écrit, qu'en cas de vente le bail sera résilié et que l'acquéreur aura le droit d'expulser le preneur à une époque déterminée dans le bail, l'acquéreur, pour avoir droit de faire quitter les lieux au preneur, devra lui signifier l'acte de vente et lui donner ensuite congé par huissier dans les délais voulus ; sans quoi le fermier ou locataire aurait le droit de rester une année de plus et même davantage si l'on continuait de négliger à son égard de remplir les formalités ci-dessus.

21. Quand un bail écrit est expiré et que le fermier ou locataire continue à occuper les lieux sans renouvellement de bail, il est censé avoir renouvelé son bail pour la même durée que le précédent, si on l'a laissé dans cette situation pendant plusieurs années, et il doit accomplir le temps indiqué au premier bail. Cependant le bailleur a toujours le droit de lui signifier son congé dans les formes voulues, et dans ce cas le fermier ou locataire doit vider les lieux au temps dit.

22. Celui qui s'est fait caution dans un bail ne peut être inquiété pendant le temps de la prolongation, à moins de

s'être porté caution à nouveau pour tout le temps de la prolongation. (Art. 1740 du C. c.)

22 *bis*. Un bail écrit cesse de plein droit au temps fixé dans l'acte. Dans ce cas il n'est pas nécessaire de donner congé.

23. Des Indemnités. — Quand, dans un bail écrit, il est dit qu'en cas de vente le locataire ou fermier devra quitter les lieux à première réquisition et qu'il n'est pas question d'indemnités dans le dit bail, le fermier a droit à des dommages-intérêts, calculés comme suit :

1° S'il s'agit d'une maison quelconque, le bailleur devra faire abandon au locataire de la portion de la location ayant rapport au temps restant à écouler du jour où le congé est donné au jour de la sortie ;

2° S'il s'agit de fabrique ou d'usines, l'indemnité se règle par expert ;

3° S'il est question de biens fonds, tels que terres, prés, vignes, etc., le bailleur doit faire remise au fermier des dits biens, du tiers du prix du bail pour le temps restant à courir. Ainsi, supposons que le bail soit de 9 ans, le fermage de 900 francs par an et qu'il y ait 6 ans de faits, l'indemnité en faveur du fermier serait dans ce cas, pour les trois années à courir, du tiers de 2,700 fr. soit 900 fr. Si pendant la durée d'un bail fait pour plusieurs années le fermier a perdu la majeure partie de ses récoltes par cas fortuits, tels que la grêle, les inondations, il a droit sur l'année en cours à une diminution du fermage à payer. Si l'accident se rapporte à un bien rural à terme chaque année, le fermier a droit à une diminution proportionnelle à la perte, si cette perte est au moins de la moitié de la récolte. Dans les deux cas il faut que les récoltes soient sur pied et non abattues.

24. On n'est pas tenu de donner congé à celui qui a loué, sans bail écrit, des parcelles de terrain qui ne peuvent être qualifiées d'exploitations rurales. En conséquence, celui qui loue ainsi un pré, une vigne, une luzernière, etc., est à terme

chaque année. Si la parcelle de terrain est en deux saisons, l'une en menus grains et légumes, et l'autre en blé ou autres céréales, la location n'est censée faite que pour deux années. Cependant l'acquéreur de ces biens doit avertir les fermiers qui les exploitent au moins une année d'avance, s'il veut les exploiter lui-même au bout de ce temps.

25. Du Cheptel. — On appelle cheptel un fonds de bétail que le bailleur remet au preneur pour lui en faire jouir suivant des conventions arrêtées entre eux. Il y a ce qu'on appelle le *cheptel simple*, qui est celui où le fermier a droit en entier au laitage, aux engrais et au travail des animaux qui lui sont confiés, et à la moitié du croît et des laines, sous la condition de les soigner, nourrir et garder. Il n'est tenu qu'à la moitié des pertes quand il n'y a pas de sa faute.

26. Le fermier à cheptel simple n'a pas le droit de louer les animaux composant le cheptel à qui que ce soit, et le propriétaire n'est pas libre de s'en servir sans le consentement du preneur. Si le cheptel périt en entier par suite d'épizootie, la perte tout entière incombe au bailleur.

27. Après le cheptel simple il y a ce qu'on appelle le *cheptel de fer*, qui est celui par lequel le propriétaire d'un domaine le donne à ferme avec cette obligation qu'à la fin du bail, le fermier laissera des bestiaux d'une valeur égale à ceux qu'il aura reçus.

28. Dans ce cheptel toute perte totale ou partielle d'animaux est à la charge du fermier, à moins de conventions contraires. Il jouit en entier pendant toute la durée du bail du produit des animaux ; cependant les engrais appartiennent à la ferme.

29. Nous avons encore le *cheptel à moitié*, qui est celui où les contractants fournissent chacun la moitié des bestiaux nécessaires à l'exploitation d'une ferme, soit que la dite ferme se cultive à moitié fruits, soit que le fermier en paie un fermage. Les règles relatives au cheptel simple s'appliquent au cheptel à moitié.

30. La loi défend de convenir dans un bail à cheptel simple et à cheptel à moitié :

1° Que la perte totale du cheptel sera à la charge du fermier ;

2° Qu'en cas de perte ledit fermier supportera la plus forte part ;

3° Qu'à la fin du bail, le propriétaire des bestiaux prélèvera plus que le cheptel ne comporte.

31. Le fermier, à la fin de son bail, n'a pas le droit de garder le cheptel en en payant la valeur, à moins de conventions contraires. Si le cheptel a diminué de valeur il doit payer la différence.

Dans les cheptels simples, il se fait à la fin du bail une nouvelle estimation ; le bailleur peut prélever des bêtes jusqu'à concurrence de la première estimation ; l'excédent se partage ; s'il y a déficit, il se supporte par moitié.

32. Lorsqu'une ou plusieurs vaches sont remises au fermier pour les loger et les nourrir, le fermier a droit au lait et au fumier. Les veaux appartiennent au propriétaire des vaches. Le veau doit être nourri pendant quatre semaines. Le fermier est tenu de fournir la litière et de conduire les vaches au taureau. Si les vaches périssent sans qu'il y ait de la faute du fermier, la perte est à la charge du propriétaire.

33. Des obligations des locataires et fermiers. — Tout locataire est tenu de garnir la maison louée de meubles suffisants pour répondre en tout temps du loyer. Sont à sa charge les réparations de menu entretien telles que celles à faire aux foyers et aux tablettes des cheminées, aux chambranles, aux briques des chambres si elles ont été cassées par défaut de soin ; aux vitres des croisées quand même elles auraient été cassées par la grêle, s'il est prouvé qu'on aurait pu les garantir en fermant les volets. Le recrépissage des murailles à un mètre de haut est aussi à sa charge. Il doit également entretenir en bon état les portes, les croisées, les gonds, les serrures et les targettes. Généralement, on laisse encore à la charge du locataire les réparations à faire aux

mangeoires des chevaux, aux piliers, barres et cloisons de séparation, aux cordes et seaux des puits, le tout sauf stipulations contraires.

Il doit également supporter les réparations urgentes que le propriétaire peut avoir à faire, et ce, sans indemnité ; à moins que les dites réparations durent plus de 40 jours. Il aura, dans ce cas, droit à une diminution proportionnelle sur le fermage à échoir.

34. Tout fermier doit garnir la ferme d'ustensiles et bestiaux nécessaires à son exploitation. S'il ne le fait pas, le propriétaire peut le contraindre ou à le faire ou à résilier.

35. Le propriétaire, pour la sûreté de la location, a le droit de faire arrêter le bétail que le fermier tenterait de distraire de la ferme sous le prétexte qu'il en reste assez.

36. Le fermier est tenu de cultiver le domaine avec soin et activité, de veiller aux arbres fruitiers, de bien diriger les irrigations, de ne pas laisser croître dans les prés, aux abords des haies, des ronces et des épines. Il ne doit couper les bois blancs, quand il n'y a aucune stipulation contraire, qu'à l'âge de quatre ans et n'élaguer les bois durs qu'à l'âge de six ans.

Il doit avertir le propriétaire des usurpations qui peuvent être commises sur la propriété par les voisins, sous peine de tous dépens, dommages et intérêts. Aussitôt qu'il en a connaissance, il doit avertir dans le délai de huitaine.

Le fermier doit engranger les foins et paille dans les bâtiments de la ferme ou leurs dépendances, et non ailleurs. Il ne peut ni les donner ni les vendre sans une autorisation expresse du bailleur.

37. Tout fermier sortant ne doit enlever à sa sortie ni paille, ni fourrage, ni engrais, à moins de conventions contraires. Un propriétaire peut retenir *suivant estimation*, les pailles et fourrages à la sortie du fermier, quand même ce dernier n'en aurait point reçu à son entrée. Il ne peut les enlever qu'après avoir invité le propriétaire à déclarer s'il veut les garder à dire d'experts.

38. Un locataire peut faire des changements dans les lieux, mais il est tenu de les rétablir dans leur premier état, à sa sortie, si le propriétaire l'exige.

39. Quand des cours et des escaliers sont communs entre plusieurs locataires, aucun d'eux n'a le droit de les embarrasser et de gêner ainsi la circulation.

40. Des obligations du bailleur. — Le bailleur est tenu, même sans stipulation : 1° de livrer au preneur la chose louée en bon état de réparation ; 2° d'entretenir cette chose en état de servir à l'usage pour laquelle elle a été louée ; 3° de prendre ses mesures pour que le preneur puisse en jouir paisiblement.

41. Le bailleur, pendant la durée du bail, ne peut, sans le consentement du preneur, changer la forme de la chose louée. Il est tenu à des indemnités envers le preneur, si ce dernier a subi quelques pertes, soit pour défaut de réparations urgentes, soit par vice de construction.

42. Le bailleur doit garantir le preneur contre toute action concernant la propriété du fonds loué.

43. Des cas de résiliations obligatoires. — Le bailleur peut faire résilier le bail : 1° si le locataire ou fermier emploie la chose louée à un autre usage que celui auquel elle a été destinée, et qu'il en résulte un dommage pour le bailleur ; 2° si le locataire ou fermier ne paie pas ses locations ou fermages au temps convenu et s'il ne remplit pas tous ses engagements; 3° si la chose louée n'est pas garnie suffisamment de meubles ou de bestiaux, pour répondre en tout temps de la location ou fermage ; 4° s'il est prouvé que la culture est très négligée et dommageable aux fonds; 5° si la chose louée a péri, comme une maison détruite par la guerre, l'incendie ou un tremblement de terre, ou qui menace ruine. Dans ce cas, il n'est dû aucune indemnité.

44. Le fermier ou locataire a droit à une résiliation du bail : 1° si le propriétaire ne remplit pas tous les engagements qu'il a contractés vis-à-vis du preneur ; 2° s'il ne délivre pas

la chose louée ; 3° s'il ne l'entretient pas en état de réparation, de manière à être logeable.

Le fermier, dans les cas précités, a le choix ou de résilier ou de réclamer une indemnité.

45. Si la chose louée n'est détruite qu'en partie, le fermier peut demander ou une diminution de prix ou la résiliation du bail, si la diminution de prix est refusée.

45 *bis*. Le fermier ou locataire a encore le droit de demander la résiliation du bail, si les réparations à faire aux bâtiments vont les rendre inhabitables pour longtemps.

46. Fin de bail. — Tout locataire qui n'a pas fait faire un état des lieux en entrant est censé les avoir pris en bon état de réparations locatives et est tenu de les laisser tels. Tout fermier qui n'a pas en entrant fait faire un état des lieux, est censé aussi avoir pris les bâtiments en bon état de réparations locatives et les terrains en bon état de culture, et doit les laisser tels, sous peine d'être tenu à des dommages-intérêts.

46 *bis*. Tout fermier qui sort avant le temps dit, soit à la fin d'un terme, soit sur saison, par suite de résiliation du bail, peut enlever tous les bois qui se trouvent coupés au moment de la résiliation, ainsi que les récoltes qui ne se trouvent pas sur pied. Cependant, il ne peut enlever les foins et pailles, sauf stipulations contraires.

47. Des poursuites. — Tout propriétaire peut, un jour après un commandement par huissier au fermier ou locataire, faire la saisie-gagerie pour sûreté des loyers échus, des meubles, effets et récoltes entrées ou abattues desdits fermier ou locataire en retard de paiement. Il peut même faire saisir à l'instant, c'est-à-dire sans commandement préalable, mais en vertu d'une permission accordée sur demande par le président du tribunal de première instance. La demande doit être faite sur papier timbré.

48. Il peut aussi saisir là où ils se trouvent les meubles et effets d'un locataire qui a quitté les lieux sans permission,

pourvu que cette saisie se fasse dans les quarante jours qui suivent celui du départ pour les fermiers, et dans les quinze jours qui suivent celui du départ pour les locataires.

49. Si le propriétaire qui fait ainsi saisir ne se trouve pas avoir de bail notarié, la saisie-gagerie doit toujours être validée par un jugement du tribunal, pour arriver à la vente des objets saisis. Dans ce cas, tous les frais réunis vont au-delà de cent francs.

50. Quand, par suite de résolution de bail, un fermier quitte son domaine, il a droit à des indemnités pour les travaux qu'il a faits et dont il ne profite pas. Il a aussi son droit colonique s'il a trouvé le terrain ensemencé ; le tout sauf conventions contraires ; mais le fermier qui prend la fuite est censé faire abandon de tous ses droits. Cependant, il est toujours prudent dans ce cas de faire faire un état des lieux, ainsi qu'une estimation détaillée, par experts, des objets et marchandises délaissées, pour parer à certaines difficultés qui peuvent surgir plus tard.

CHAPITRE XXXI

Des domestiques.

1. Le domestique ne peut s'engager qu'à temps et non pour la vie.

2. Si l'un des contractants ne tient pas son engagement et qu'il y ait eu des arrhes de données, les arrhes seront rendues au double si c'est le domestique qui se retire et elles devront être abandonnées par le maître si c'est lui qui ne veut pas tenir ses engagements. Le domestique n'est pas tenu de doubler les arrhes s'il ne s'est pas écoulé au moins 24 heures depuis que le marché a été conclu.

3. Si le domestique nie avoir reçu des arrhes, le maître est admis à prouver le contraire par témoins.

4. Si au règlement du gage, il y a désaccord entre le maître et le domestique, soit pour le montant des gages, soit pour les à-comptes, ce dernier, à défaut d'écrit, est admis à prouver par témoins que ce qu'il réclame est juste, mais seulement pour des sommes au-dessous de 150 fr.

5. Le maître peut renvoyer un domestique sans être tenu à des indemnités : 1° s'il y a inconduite scandaleuse ; 2° s'il néglige son travail pour passer son temps au cabaret ; 3° s'il n'exécute pas les travaux qui lui sont commandés ; 4° s'il se rend coupable d'outrages ou de menaces ; 5° s'il est incapable. Le maître, dans ces cas, peut même obtenir des dommages-intérêts, mais il faut qu'il prouve ce qu'il avance. Quand le maître renvoie un domestique sans raisons bien valables, il est tenu à une indemnité envers le domestique, laquelle est ordinairement laissée à l'appréciation du juge de paix, qui se base sur le temps que le domestique est resté ou peut rester sans être placé. En dehors de l'indemnité, le maître doit payer la portion du gage ayant rapport au temps que le domestique a resté chez lui.

6. Le domestique peut rompre ses engagements sans être tenu à indemnité envers le maître : 1° si le maître ne le nourrit pas selon les usages du pays ; 2° s'il lui refuse place au feu quand il y a nécessité, comme pour faire sécher des vêtements mouillés ; 3° s'il ne le blanchit pas comme il a été entendu ; 4° s'il ne paie pas ses gages comme il est dit ; 5° s'il se permet de mauvais traitements ou des paroles injurieuses ou diffamatoires. En dehors de son gage pour le temps qu'il a resté, le domestique a encore droit, dans tous ces cas, à des indemnités comme il est dit ci-dessus.

7. Quand un domestique quitte son maître, dans l'année du louage, sans motif sérieux, le maître peut exiger une indemnité qui se calcule sur ce qui lui en coûtera de plus pour le remplacer sur année, eu égard au temps et à la nature des

8

travaux restant à faire. S'il y avait insuffisance le domestique devrait payer le surplus de ses deniers. S'il y a excédent, le maître est obligé de faire compte de cet excédent.

8. En aucun cas le maître n'a le droit de retenir les effets de son domestique, au moment de son départ, quand même le domestique lui serait redevable. S'il le fait, le domestique a le droit de donner sommation par huissier aux frais du maître, si à la suite d'un avertissement en justice de paix, il n'y a pas eu d'arrangement ou si le maître n'a pas paru.

8 *bis*. Le domestique peut quitter son maître sur saison, sans être tenu à des dommages-intérêts seulement dans les cas suivants : 1° si le maître se trouve dans l'un des cas cités à l'article 6 du présent chapitre ; 2° s'il est appelé sous les drapeaux ; 3° à la suite d'une longue maladie.

9. Le domestique qui s'est fait engagé volontaire doit indemnité au maître s'il le quitte sur saison.

10. Tout domestique est responsable des pertes, avaries et de la casse, si les choses sont arrivées par sa faute. Le maître a le droit d'en retenir la valeur sur les gages. Il a aussi le droit de déduire le temps pendant lequel il n'a pas paru au travail soit pour cause de maladie soit pour toute autre cause.

11. Les domestiques autres que ceux de ferme, tels que les cuisiniers, les laquais, les cochers, etc., etc., qui veulent quitter sur saison doivent le déclarer au maître, au moins huit jours d'avance, qu'ils soient loués à l'année ou au mois.

12. Tout maître est responsable des dommages causés à autrui par son domestique, sauf recours contre lui.

13. Les domestiques appartenant à la culture ont un privilège sur les meubles et immeubles du maître qui les emploie, c'est-à-dire que s'il y a vente, ils seront des premiers payés sur le produit de la vente. Les ouvriers qui n'appartiennent pas à la culture ne jouissent pas de ce privilège, excepté ceux qui ont été employés à des constructions, à des réparations de bâtiments et autres ouvrages de ce genre.

Dans ces cas, les domestiques, quoiqu'il leur soit dû plusieurs années de gages, ne peuvent réclamer qu'une année avec l'année en cours. Pour le surplus, s'il y a répartition, ils sont payés au prorata de la somme qui leur est due ; encore faut-il qu'ils puissent produire un titre tel qu'un billet, comme preuve de ce qui leur est dû.

14. Le payement des gages des domestiques appartenant à la culture se prescrit par un an ; le salaire des ouvriers, par six mois, c'est-à-dire qu'un an après l'époque dite pour le paiement de ses gages, le domestique de ferme ne peut plus réclamer ses gages à un maître de mauvaise foi que par un titre reconnaissant la dette, tel qu'un billet ou une lettre, etc. Cependant il est admis à prouver par témoins, mais seulement jusqu'à concurrence de 150 fr. La même règle s'applique aux ouvriers lorsqu'ils ont laissé écouler plus de six mois après la date convenue pour le paiement. Ce cas s'applique aux conventions verbales et non à des conventions écrites. Dans ce dernier cas, le maître, s'il est attaqué par le domestique pour défaut de paiement, doit fournir la preuve qu'il a payé, soit par témoins, soit en exhibant une quittance.

15. Quand un maître emploie des ouvriers à la journée et que par son fait la journée n'a pas été complète, il doit payer, quand même, la journée entière. Dans le cas contraire il n'est tenu de payer que le temps pendant lequel on a travaillé.

CHAPITRE XXXII

Des saisies mobilières.

1. La saisie se divise en saisie-arrêt, saisie-gagerie, saisie-brandon, saisie-revendication et saisie-exécution.

2. De la saisie-arrêt. — La saisie-arrêt est l'acte par lequel on fait arrêter entre les mains d'un tiers, pour être payé d'une somme due, les sommes ou marchandises qu'il a à faire compte à celui contre qui la saisie-arrêt a lieu. Cette saisie a

donc pour but d'empêcher à celui qui nous doit de toucher ce qui lui est dû.

3. On peut faire saisir-arrêter en vertu d'un titre. A défaut de titre la permission de saisir-arrêter doit être demandée sur papier timbré au président du tribunal. La demande doit relater la nature de la créance et ce qui motive la saisie-arrêt.

4. La saisie-arrêt doit être notifiée par huissier dans la huitaine au débiteur et au tiers-saisi (celui qui doit au saisi). Pendant que cette notification n'est pas faite au tiers-saisi, il est libre de payer au débiteur saisi.

5. Si le tiers-saisi paie au saisi après avoir reçu acte de la validité de la saisie-arrêt, il peut être appelé par les créanciers du saisi à payer une seconde fois.

6. Quand un jugement a rendu une saisie-arrêt valable, le tiers-saisi peut être appelé en justice à déclarer ce qu'il doit au saisi. S'il refuse de se rendre à l'invitation qui lui est faite il peut être appelé à payer au lieu et place du saisi jusqu'à concurrence des sommes réclamées.

7. De ce qui ne peut être saisi. — On ne peut arrêter que le cinquième du traitement des militaires en activité de service.

Les traitements des fonctionnaires civils et employés tels que : préfet, directeur des contributions, chef de bureau, secrétaire, etc., ne peuvent être saisis-arrêtés que pour un cinquième si lesdits traitements se trouvent au-dessous de cinq mille francs ; pour un quart s'ils sont de cinq mille francs et pour un tiers s'ils sont de six mille francs ou au-dessus.

8. On ne peut faire saisir-arrêter les pensions dites pensions de retraite, excepté pour faire payer une pension alimentaire due.

9. Sont insaisissables les rentes sur l'Etat ; les sommes dues par l'Etat à des entrepreneurs et les sommes dues à l'Etat. Les sommes et pensions accordées pour aliments sont également insaisissables, ainsi que les traitements des ecclésiastiques.

10. Les articles d'argent déposés à la poste peuvent être saisis-arrêtés entre les mains des receveurs des postes.

11. Ne peuvent être saisis pour être vendus : 1° les habits dont les saisis sont vêtus au moment de la saisie et leur montre s'ils l'ont sur eux ; 2° les lits nécessaires au coucher du saisi et de sa famille ; 3° les outils et instruments de sa profession, à moins que ce ne soit pour payer ceux qui les ont fabriqués ; 4° les livres de commerce et ceux servant à la profession du saisi, comme les ouvrages de notariat pour un notaire, de droit pour un avocat, etc., etc.

12. Dans toute saisi de farine et denrées, il doit en être laissé une quantité suffisante pour la nourriture du saisi et celle de sa famille, pendant un mois.

12 *bis*. Si le saisi n'a qu'une vache, ou trois brebis, ou deux chèvres, elles ne peuvent être saisies non plus que les pailles, fourrages et grains nécessaires à la nourriture de ces animaux pendant un mois, si ce n'est pour paiement de fermages ou loyers, ou pour payer ceux qui les ont fournis, s'ils sont poursuivants.

13. Ne peuvent être saisis non plus chez un fermier les objets qui sont immeubles par destination quoique le fermier en ait toute la responsabilité. Or, on appelle immeubles par destination, les objets que le propriétaire a pu attacher au fonds à perpétuelle demeure, et dont le fermier a à rendre compte, tels que animaux, semences, ustensiles aratoires, pigeons, ruches à miel, alambic et les accessoires, cuves, poissons, etc., etc.

14. De la saisie-exécution. — La saisie-exécution est celle qui est faite avec autorisation de faire vendre.

15. L'huissier chargé de la saisie doit être assisté de deux témoins, non parents ni alliés des parties ou de l'huissier, ni leurs domestiques.

16. Si les portes de la demeure du saisi sont fermées ou qu'on refuse de les ouvrir, l'huissier pourra établir des gardiens aux portes pour veiller à ce que rien ne soit enlevé, et

requerra les autorités, maire ou adjoint ou commissaire, pour procéder à l'ouverture des portes. Même marche à suivre par l'huissier si le saisi est absent.

17. Ceux qui, par voies de faits ou violences, empêcheraient l'établissement d'un gardien de la saisie seraient poursuivis en police correctionnelle pour s'entendre condamner à un emprisonnement de un mois à deux ans, suivant la gravité des voies de faits ou violences.

18. Le propriétaire d'objets qui ont été saisis, à son préjudice, ne peut être poursuivi en police correctionnelle pour avoir enlevé, sans violence, quelques-uns des objets saisis, pourvu toutefois qu'il n'ait pas été nommé gardien de la saisie. On ne peut le poursuivre qu'en dommages-intérêts. La raison de cela est qu'il est propriétaire des objets saisis jusqu'au jour de la vente. (Ainsi jugé par la cour de cassation.)

19. Le propriétaire d'une maison ou d'une ferme ne peut pas s'opposer à la vente des meubles saisis sur son fermier ou locataire. Il n'a de privilège que sur le produit de la vente ; de sorte qu'il sera payé avant le créancier poursuivant.

20. Les autres créanciers du saisi ne peuvent non plus s'opposer à la vente. Ils ne peuvent que faire acte d'opposition pour faire faire une répartition, au marc le franc, du produit de la vente entre tous les créanciers non privilégiés.

21. Les huissiers, greffiers, commissaires-priseurs ou notaires chargés d'une vente publique ne peuvent pas se rendre adjudicataires, pour leur compte.

22. L'argenterie dans une vente forcée ne doit être adjugée qu'à sa valeur et les bijoux qu'au prix de l'estimation qui en a été préalablement faite, le tout à peine de nullité en ce qui concerne lesdits objets.

23. Quand la vente d'objets saisis a produit une somme suffisante pour couvrir la créance ayant donné lieu à la saisie, ainsi que les créances signalées par des oppositions, plus les frais, la vente doit être arrêtée.

24. De la saisie-gagerie. — La saisie-gagerie est une

saisie ordonnée par un propriétaire sur le mobilier et les marchandises du fermier ou locataire pour la garantie de fermages ou loyers échus.

25. Le propriétaire a le droit de faire faire une saisie-gagerie même pour les loyers à venir s'il s'est aperçu que son fermier ou locataire a fait des ventes d'objets en vue de lui faire tort.

26. On peut faire saisir-gager un jour après commandement par huissier au fermier ou locataire d'avoir à payer les loyers ou fermages échus. On peut même faire saisir immédiatement en vertu d'une permission obtenue du Président du tribunal.

27. On peut faire saisir des meubles et marchandises non encore partagés ; mais la vente ne peut avoir lieu qu'après le partage.

28. Du gardien de la saisie. — Le gardien de la saisie doit conserver en bon père de famille les objets saisis. Il ne peut ni s'en servir, ni les louer ou prêter. Il est tenu de rendre compte des effets saisis.

29. De la saisie-brandon. — La saisie-brandon est la saisie des récoltes sur pied. Elle ne peut être faite que dans les six semaines qui précèdent la maturité des récoltes. Ces sortes de saisie coûtent 12 à 15 fr., plus les frais de significations, d'acte et d'affiche. Elles peuvent être faites un jour après le commandement de payer et sans l'assistance de deux témoins. — L'on peut saisir-brandonner toutes sortes de récoltes, même la coupe d'un bois taillis sujet à coupes réglées, mais seulement dans les six semaines qui précèdent la coupe et non avant. La Cour de cassation a reconnu qu'un bois qui est arrivé à l'âge de son exploitation habituelle est meuble appartenant au fermier.

30. De la saisie-revendication. — La saisie-revendication est une réclamation par huissier agissant en vertu d'un ordre du Président du tribunal pour faire rentrer un propriétaire en

possession d'un objet perdu, volé ou enlevé, lequel objet se trouve entre les mains d'un autre propriétaire.

31. Le délai pour la revendication d'un objet perdu ou volé est de trois ans à partir du jour de la perte ou du vol.

CHAPITRE XXXIII

Des saisies immobilières.

1. La saisie immobilière ou expropriation forcée, est la saisie qui porte sur les immeubles d'un débiteur, tels que maisons, prés, terres, bois, etc., pour le paiement d'une créance.

2. Tout créancier peut faire saisir en vertu d'un titre authentique ou sous-seing privé enregistré, qu'il y ait inscription aux hypothèques ou non.

3. Les immeubles d'un mineur émancipé ou non sont saisissables en cas d'insuffisance reconnue du mobilier pour couvrir la créance.

4. Le créancier qui n'a pas hypothèque sur tous les biens de son débiteur, ne peut saisir les biens non hypothéqués que si les premiers sont reconnus insuffisants.

5. Les immeubles d'un débiteur qui peut prouver par bail *authentique* (notarié) qu'il peut payer avec ses revenus mêmes, ne peuvent être saisis, s'il en fait la cession jusqu'à paiement intégral de la dette ; cependant les tribunaux sont libres d'arrêter ou de ne pas arrêter les poursuites.

6. Une saisie immobilière qui aurait été faite pour une somme plus forte que celle due, est valable quand même. Il y a lieu seulement à réduction.

7. Le saisi est censé dépositaire responsable des immeubles saisis. Il ne peut ni les dégrader ni faire aucune coupe de bois, sous peine de dommages-intérêts et même de poursuites criminelles.

8. La vente verbale ou par sous-seing privé non enregistré, faite dans l'année de la saisie, même avant cette saisie, est nulle.

9. Toute vente d'immeubles ou de coupe de bois faite pendant le temps de la saisie est nulle ; à moins qu'avant l'adjudication des immeubles saisis, le débiteur ne consigne une somme suffisante pour désintéresser ses créanciers ; mais il faut que cette consignation soit faite avant la notification de la vente au bureau des hypothèques.

10. Les récoltes rentrées pendant la saisie et les revenus des baux ayant date certaine appartiennent à la saisie pour être distribués avec le prix de vente.

11. Un bail verbal ou un bail écrit qui n'a pas été enregistré peut être annulé si les créanciers saisissants le demandent.

12. Le créancier qui a première hypothèque a le droit de poursuivre la vente des biens par préférence aux autres saisissants.

13. Les biens saisis sont adjugés à l'audience du tribunal de première instance de l'arrondissement où les biens sont situés. Les enchères ne peuvent être faites que par ministère d'avoués.

14. Pour pouvoir adjuger il faut qu'il s'éteigne deux feux sans enchères.

15. Dans la huitaine de l'adjudication toute personne peut être admise à surenchérir. La surenchère ne peut être au-dessous du sixième du prix d'adjudication. Si donc un bien a été adjugé à 6,000 fr., la surenchère, pour arriver à faire faire une nouvelle adjudication, devra être de 1,000 fr.

16. L'adjudicataire est tenu d'exécuter les baux faits par acte notarié ou sous-seing privé enregistré. A l'égard des autres baux, il peut en demander la nullité.

17. Les frais de toute nature sont à la charge de l'adjudicataire ; la moyenne de ces frais varie de 10 à 15 pour cent.

CHAPITRE XXXIV

De l'expropriation pour cause d'utilité publique.

1. L'article 545 du Code civil déclare que tout propriétaire peut être exproprié pour cause d'utilité publique, tels que établissement d'un chemin de moyenne ou grande communication, emplacement nécessaire à la construction d'une maison d'école, d'une église, d'un presbytère, etc., etc.

2. L'expropriation pour cause d'utilité publique est autorisée, lorsque les propriétaires des fonds nécessaires aux travaux à exécuter refusent de traiter amiablement.

3. Des indemnités. — Le propriétaire qui s'est laissé exproprier doit, dans la huitaine de la notification qui lui est faite du jugement prononçant l'expropriation, faire connaître à l'administration quels sont ceux de ses fermiers ou locataires qui ont des droits d'usufruit ou d'usage sur les biens expropriés, sinon il restera seul chargé envers eux des indemnités qu'ils pourraient réclamer.

Tout intéressé est appelé à faire valoir ses réclamations. Il doit les faire connaître à l'administration, également dans le délai de huitaine sous peine d'être déchu de tous droits à l'indemnité pour le préjudice que l'expropriation peut lui causer.

4. S'il y a des demandes d'indemnités, l'administration fait faire ses offres aux intéressés directement et par voie d'affiches.

Les propriétaires ont la quinzaine pour les accepter ou les refuser. S'ils refusent ils doivent faire connaître le montant de l'indemnité qu'ils désirent, et un jury est convoqué pour juger la question des indemnités à accorder. Si le jury accorde une indemnité moindre que celle demandée, les parties qui ont refusé les offres de l'administration sont condamnées aux dépens.

5. Si l'indemnité est au-dessus de celle offerte par l'administration, les dépens sont supportés par moitié, mais dans la proportion des offres et des demandes.

6. Si l'indemnité accordée par le jury est égale à la demande faite, l'administration est condamnée aux dépens.

7. Dans la quinzaine de la publication du jugement autorisant l'expropriation, tout intéressé doit faire inscrire au bureau des hypothèques tous privilèges, hypothèques conventionnelles, judiciaires ou légales. A défaut d'inscription dans ce délai, l'immeuble exproprié est affranchi de tous privilèges et hypothèques sans préjudice des droits des femmes et des mineurs.

8. Paiement des indemnités. — Les indemnités réglées par le jury doivent être payées aux ayants-droits avant la prise de possession des immeubles expropriés.

9. Quand l'indemnité a été réglée, si elle n'est ni acquittée ni consignée dans les six mois de la décision du jury, les intérêts courent de plein droit à partir de ce délai.

10. La loi du 3 mai 1841 sur l'expropriation forcée n'indique aucun cas où l'on puisse en appeler des décisions du jury; mais on peut recourir en cassation pour vice de forme ou omissions d'une ou de plusieurs des formalités imposées par la loi.

CHAPITRE XXXV

Commerce.

1. La loi considère comme commmerçants : 1° ceux qui achètent des marchandises et denrées pour les revendre ; 2° ceux qui ont des entreprises de fournitures, d'agences d'affaires.

2. Sont encore considérés comme actes de commerce les opérations de banque, les entreprises de transport, le cour-

tage et, en général, tout acte de commerce résultant de l'exercice d'une profession.

3. On peut se livrer au commerce en son nom à l'âge de 21 ans.

Cependant, il est permis au mineur de s'y livrer à l'âge de 18 ans, mais pour le faire sous sa responsabilité le mineur doit être : 1° émancipé ; 2° être autorisé par son père ou sa mère et, à défaut, par le conseil de famille ; 3° il faut que l'acte d'autorisation soit enregistré et affiché au tribunal de commerce du lieu.

L'acte d'autorisation doit être donné devant le juge de paix ou devant notaire.

Quand on traite avec un mineur, il est donc prudent de s'assurer s'il se trouve dans les conditions que nous venons d'énumérer.

4. La femme mariée, même étant majeure, ne peut se livrer au commerce sans le consentement de son mari. Ce consentement peut se donner par sous-seing privé ou tacitement, c'est-à-dire par consentement verbal. Dans les deux cas le mari peut toujours retirer son consentement.

5. Pendant que la femme mariée n'a pas ses 21 ans, il faut pour qu'elle puisse faire le commerce sous sa responsabilité qu'elle remplisse les conditions énoncées à l'art. 3 du présent chapitre, relatives aux mineurs.

6. Le mari de la femme commerçante mariés sous le régime de la communauté est solidaire des engagements pris par sa femme, car dès lors qu'il a droit à sa part des bénéfices, il doit supporter sa part des charges.

7. La femme, légalement autorisée à faire le commerce, peut hypothéquer ses immeubles si elle est mineure, et les vendre si elle est majeure pour des causes relatives à son commerce, et ce, sans le consentement de son mari.

8. N'est pas réputée commerçante la femme qui détaille les marchandises du magasin tenu par elle et son mari. N'est réputée commerçante que la femme qui fait un commerce dif-

férent de celui de son mari, ou dont le mari a une tout autre profession que le commerce.

Cependant la femme est toujours réputée commerçante s'il est bien établi qu'en toutes circonstances elle agit en son nom propre et non au nom de son mari.

9. Interdiction. — Le commerce est interdit aux employés du gouvernement, aux fonctionnaires publics salariés, tels que les receveurs, les ecclésiastiques, les instituteurs, etc., etc.

10. Obligations imposées aux commerçants. — Les deux obligations essentielles auxquelles sont tenus les commerçants sont la tenue des livres et la remise au greffe de leur contrat de mariage sous peine, en cas de faillite, d'être condamnés comme banqueroutiers simples.

11. Livres de commerce. — Les livres de commerce exigés par la loi, de tous commerçants, grands et petits, sont :

1° Le livre journal, où doivent être inscrits jour par jour toutes les ventes faites, tous les achats, tous les paiements, toutes les recettes et toutes les dépenses, qu'elles soient relatives au commerce ou à l'entretien du ménage et à celui des immeubles ;

2° Le livre de copies de lettres, registre où l'on doit transcrire toutes les lettres qu'on envoie. Celles qu'on reçoit doivent être conservées et mises en liasse ;

3° Le livre des inventaires, qui est celui sur lequel le commerçant doit faire connaître une fois par an sa situation commerciale. Tout consiste à faire un état où, d'une part, figurent la valeur des marchandises qu'il a en magasin, la valeur de ses effets mobiliers et immobiliers et toutes les sommes qui lui sont dues ; et de l'autre, les sommes qu'il doit, qu'elles aient rapport au commerce ou non. Le tout doit être établi article par article, excepté les marchandises qui peuvent être inscrites en bloc ou par article indiquant la valeur de chaque espèce.

12. Le livre journal surtout doit être tenu par ordre de date et ne présenter ni blancs, ni ratures, ni renvois, ni abré-

viations. Pour qu'il fasse foi en justice, il doit être visé et paraphé par le président du tribunal ou par le juge de paix.

13. Qu'il y ait cessation de commerce ou non, tous les livres de commerce doivent être conservés dix ans.

14. Les livres de commerce régulièrement tenus font foi en justice, mais la loi laisse le juge libre de les accepter comme preuve ou non, si dans une contestation l'une des parties n'est pas commerçante; mais ils font preuves entre commerçants.

CHAPITRE XXXVI

De la faillite.

1. On dit qu'un commerçant est en faillite lorsqu'il a cessé ses paiements par suite de pertes successives.

2. La faillite est appelée *banqueroute simple* si elle est le résultat de fautes graves, sans qu'il y ait fraude, comme si elle provient de dépenses excessives, d'opérations hasardeuses, d'achats ruineux, ou si le failli a payé un créancier après la cessation de ses paiements, s'il a contracté des engagements jugés trop considérables eu égard à sa situation, si dans les trois jours de la cessation de ses paiements, il n'a pas fait au greffe la déclaration exigée, s'il n'a pas de livres de commerce ou, si les ayant, ils sont irrégulièrement tenus. Dans tous ces cas le failli peut être puni correctionnellement sur la demande des créanciers et peut être condamné de un mois à deux ans d'emprisonnement.

3. La faillite est déclarée *banqueroute frauduleuse* si le failli a fait disparaître ses livres de commerce, ou quelques-unes de ses marchandises, ou s'il est établi qu'il s'est reconnu débiteur de sommes qu'il ne doit pas, s'il a fait figurer sur ses livres des pertes qu'il n'a pas eues, etc.

Les cas de banqueroute frauduleuse sont poursuivis d'office devant les cours d'assises.

4. Tout failli est tenu, dans les trois jours de la cessation de ses paiements, d'en faire la déclaration au greffe du tribunal de son arrondissement. Il doit en même temps déposer son bilan ; mais la loi ne lui en fait pas une obligation.

Le bilan est un état contenant l'énumération et l'évaluation de tous les effets mobiliers, de toutes les marchandises en magasin, de tous les immeubles du failli, de toutes les sommes qu'il doit ou qui lui sont dues.

Le même état doit présenter le tableau de ses profits et de ses pertes et celui de ses dépenses.

Le bilan doit être certifié véritable, daté et signé par le failli.

5. Le failli, à compter du jour de la faillite, n'a plus l'administration de ses biens.

6. Toute hypothèque prise sur les biens du failli, dans les dix jours qui précèdent l'ouverture de la faillite, ainsi que toute donation entre-vifs ou par testament, sont nulles.

7. Tout acte de vente d'immeubles consentie par le failli dans les dix jours précédant l'ouverture de la faillite peut être annulé sur la demande des créanciers, si l'acte paraît aux juges porter des caractères de fraude.

8. Toutes sommes payées par le failli dans les dix jours qui précèdent l'ouverture de la faillite pour dettes commerciales non échues, doivent être rendues par ceux qui les ont reçues.

9. Toutes les sommes qui sont dues au failli, à l'ouverture de la faillite, sont exigibles en totalité, échues ou non échues, et ce sans déduction de ce que le failli peut devoir lui-même aux débiteurs des dites sommes.

10. Celui qui a vendu au failli des marchandises qui se trouvent encore en route au moment de la déclaration de faillite *par le Tribunal*, a le droit de les retirer pourvu qu'elles n'aient été vendues par le failli avant leur arrivée. Celui qui les a achetées dans ces conditions devra en faire compte à la faillite.

11. Du concordat et de l'atermoiement. — La loi per-

met au failli qui n'est pas en état de banqueroute frauduleuse de s'entendre avec ses créanciers, soit pour obtenir une remise de tant par cent sur ce qu'il leur doit : c'est ce qu'on appelle le concordat ; soit pour obtenir un certain délai pour les désintéresser, c'est ce qu'on appelle l'atermoiement.

12. Pour que le failli puisse obtenir un concordat ou un atermoiement, il faut que la majorité des créanciers y soit favorable.

13. Si le failli le propose, il peut être inséré dans le concordat, mais seulement après son homologation par le Tribunal, que le failli sera complètement libéré en faisant l'abandon total ou d'une partie de ses biens. Pour ce faire, il faut le consentement de tous les créanciers.

14. Réhabilitation. — Le failli qui, dans la suite, est arrivé à désintéresser tous ses créanciers et qui a subi sa peine, s'il a été condamné, peut se faire réhabiliter par un jugement du Tribunal et rentrer ainsi dans ses droits de citoyen, droits dont tout failli est privé jusqu'à réhabilitation. Il peut même être réhabilité après sa mort par ses héritiers, si ces derniers ont purgé sa mémoire de tous reproches.

Le banqueroutier frauduleux ne peut jamais être réhabilité.

CHAPITRE XXXVII

Des créances privilégiées.

1. Sur le produit d'une vente de meubles et de marchandises sont prélevés avant tout : 1° les frais de justice ; 2° les frais funéraires, s'il y a lieu ; 3° les frais de maladie, id. ; 4° tout ce qui peut être dû aux domestiques, soit pour l'année échue, soit pour l'année en cours ; 5° les locations échues et de l'année en cours. Doivent être payés ensuite : 1° le boulanger pour les six derniers mois de fourniture de pain ;

2° le boucher pour l'année en cours ; 3° les maîtres d'hôtel, restaurateurs et aubergistes, pour la pension prise *chez eux*, dans l'année ; 4° les marchands en *gros*.

2. Il faut remarquer que si le propriétaire d'une ferme a un bail authentique ou sous-seing privé, mais enregistré, il peut réclamer non-seulement les locations échues mais encore celles à échoir en vertu du bail, en laissant aux autres créanciers le droit de relouer la maison ou la ferme à leur profit.

3. L'aubergiste ou maître d'hôtel a, en cas de vente, privilège pour ses fournitures, sur les effets du voyageur qui ont été transportés dans son auberge.

4. Celui qui a vendu des effets mobiliers restés impayés a droit de se faire désintéresser sur le produit de la vente, avant tous autres créanciers, le propriétaire de la maison excepté, pourvu qu'il ait fait acte de revendication dans la huitaine qui suit la livraison qui en a été faite et que les effets se trouvent dans le même état. Il peut même empêcher la revente.

4 bis. Le voiturier a privilège pour ses frais de voiture sur la chose voiturée.

5. Le vendeur a privilège sur l'immeuble vendu. Le premier vendeur est préféré au second, le second au troisième et ainsi de suite s'il y a eu plusieurs ventes successives du même immeuble.

6. Celui qui a prêté à un autre, par obligation, une somme d'argent, pour acheter un immeuble, a première hypothèque sur cet immeuble, s'il est stipulé dans l'acte que la somme prêtée est destinée à cette acquisition.

7. Les architectes, entrepreneurs, maçons, charpentiers et autres ouvriers *employés* à la construction d'un bâtiment ont privilège sur ledit bâtiment, mais seulement sur la plus-value que les travaux lui ont donnée, et pourvu, s'il y a eu restauration, qu'il ait été fait avant les travaux un état estimatif par un expert nommé par le tribunal.

8. Ceux qui ont prêté des fonds pour payer les ouvriers employés à une construction quelconque, ont, en cas de vente,

le droit de se faire rembourser de préférence, toutes les sommes avancées, pourvu qu'il y ait acte authentique du prêt et que les quittances des ouvriers relatent le fait.

9. Tout vendeur d'un immeuble qui veut conserver son privilège sur l'immeuble vendu doit prendre inscription au bureau des hypothèques dans les 45 jours de la vente.

La transcription d'un contrat de vente au bureau des hypothèques vaut inscription.

10. Celui qui, à la fois, a privilège sur meubles et immeubles, est payé avant celui qui n'a privilège que sur les immeubles.

CHAPITRE XXXVIII

Des billets et des traites ou lettres de change.

1. Tout billet doit être écrit sur papier au timbre de cinq centimes par cent francs.

2. Les billets se divisent en billets simples qui sont les billets non négociables, et billets *à ordre* qui sont ceux qui sont négociables, c'est-à-dire qui peuvent être mis en circulation comme de l'argent comptant.

3. Si un billet *à ordre* n'est pas écrit de la main de celui qui le souscrit, il doit toutefois, avant de signer, reconnaître la somme pour laquelle il souscrit, c'est-à-dire écrire en toutes lettres *Bon pour la somme de*..........

Quoiqu'on n'y soit pas tenu, il est prudent de faire de même pour les billets ordinaires. Dans le corps du billet la somme doit également être écrite en toutes lettres et non en chiffres.

4. S'il arrivait que la somme inscrite dans le billet fût, par erreur, différente de celle exprimé au *Bon pour*..... l'obligation ne serait présumée être que de la somme moindre, à moins de preuves du contraire.

5. Quand un billet est souscrit solidairement par deux ou plusieurs individus, chacun des souscripteurs et tenu de la totalité de la somme à payer.

Si le mot *solidairement* n'est pas inscrit dans un billet souscrit par deux ou plusieurs personnes, chaque souscripteur n'est tenu pour le paiement que jusqu'à concurrence de sa part.

6. La prescription de trente ans est applicable aux billets simples.

7. Des traites ou lettres de change. — La traite est un billet par lequel un individu mande à un autre de payer à un *tel*, porteur dudit billet, telle somme.

Celui qui envoie la traite s'appelle le *tireur* ; celui à qui elle est présentée et qui a ordre de payer s'appelle le *tiré*.

8. La traite se négocie et se transmet par voie *d'endossement*.

9. L'*endossement* est la cession d'une lettre de change à une personne quelconque au moyen d'une formule écrite au dos de la traite.

MODÈLE DE TRAITE

Lyon, le 15 février 1883. **B. P. 300 fr.**

Au quinze mai prochain, veuillez payer à mon ordre contre ce mandat la somme de trois cents francs, valeur en marchandises que passerez suivant mon avis du 1er courant.

A Monsieur Lacaille, négociant en vins, NIVOLLET.
à Nîmes (Gard).

Sans frais.

AUTRE MODÈLE

Lyon, le 16 février 1883. **B. P. 200 fr.**

Au premier mai prochain, veuillez payer à MM. Liancourt, négociants en soierie à Marseille, ou à leur ordre, la somme de deux cents francs, valeur que passerez sans autre avis.

A Monsieur Cerisier, NIVOLLET.
marchand de toile à Tarare (Rhône).

Sans frais.

MODÈLE D'ENDOSSEMENT

Si le sieur Nivollet veut négocier sa première traite, c'est-à-dire en toucher le montant chez un banquier, ou simplement la faire recouvrer par une maison de banque ou par toute autre personne, il devra l'endosser, c'est-à-dire écrire au dos la formule suivante :

Payez à l'ordre de M. A..., banquier, valeur reçue comptant.

Lyon, 20 février 1883.

NIVOLLET.

Sans frais.

10. Un billet à ordre se transmet par voie d'endossement de la même manière.

11. Les traites qu'on fait toucher par la poste ne sont pas soumises à la formalité de l'endossement.

12. Si l'on ne veut pas, qu'en cas de non-paiement d'une traite, il soit fait des frais, c'est-à-dire protestée, il importe qu'on inscrive dessus la mention *sans frais de retour* ou simplement *sans frais.*

13. Les traites *protestées* sont celles qui sont soumises au protêt pour défaut de paiement. Le protêt est une sommation par huissier de payer.

14. En vertu d'une décision de la Cour de cassation, une traite impayée portant la mention *sans frais* ne doit pas être protestée. La mention *sans frais*, inscrite sur la traite par le tireur, ne peut être biffée que par lui-même.

15. Une traite est dite *soumise à l'acceptation*, lorsque, avant l'échéance, le tiré est invité à la reconnaître pour bonne, c'est-à-dire à *l'accepter*, en écrivant dessus la mention : *Accepté pour la somme de.....* L'acceptation doit être signée.

16. Une lettre de change ou traite, soumise à l'acceptation, doit être rendue dans les 24 heures de sa présentation, par

celui qui a été chargé de la faire accepter, sous peine de dommages-intérêts envers le possesseur de ladite traite.

17. Une traite tirée à vue doit se payer à présentation.

18. Si l'échéance d'un effet à ordre ou d'une traite tombe un jour férié, on est tenu de payer la veille.

19. Tous ceux qui ont endossé un billet à ordre ou une traite, sont tenus à une garantie solidaire envers le porteur ou possesseur.

20. Celui qui paie une traite avant son échéance est responsable de la validité du paiement.

21. On peut payer un acompte sur le montant d'une traite ; mais le porteur est tenu de faire protester la lettre de change ou traite pour le surplus.

22. Le porteur d'une traite avec frais doit en exiger le paiement le jour de l'échéance. Si la traite n'est pas présentée dans ce délai au débiteur, ce dernier peut déposer ses fonds au receveur de l'enregistrement et n'est ensuite tenu qu'à remettre l'acte de dépôt en échange de la traite.

23. Celui qui n'est pas commerçant n'est pas tenu de payer contre une traite, si la somme qu'il doit n'a pas trait à des actes de commerce. En conséquence, tous frais de protêt fait contre lui sont à la charge de celui qui les a fait faire.

24. Tout porteur ou propriétaire d'une lettre de change ou traite protestée, doit notifier le protêt à celui qui lui a cédé la traite, et à défaut de remboursement, prendre jugement contre lui dans les quinze jours qui suivent la date du protêt si la distance n'est que de 50 kilomètres. Au-dessus, le délai est augmenté d'un jour par 10 kilomètres. Ce qui vient d'être dit s'applique aux effets à ordre.

25. Tout porteur de traites et d'effets à ordre protestés, conserve son recours pour le paiement des dites traites et d'effets pendant cinq ans, si ces titres ont rapport à des commerçants ou à des actes de commerce. Le recours est de trente ans pour des billets souscrits par des personnes non commerçantes ou se rapportant à des actes non commerciaux.

MODÈLE DE BILLET A ORDRE

Lyon, le 20 février 1883. **B. P. Fr. 500**

Au premier juin prochain, je soussigné, Jean-Antoine Latuite, mécanicien à Lyon, promets payer à M. Nicolas Langepierre, négociant à Bordeaux, ou à son ordre, la somme de cinq cents francs, valeur reçue en marchandises.

Payable à Lyon,
rue de l'Hôtel-de-Ville, nº 7.

J.-A. LATUITE.

CHAPITRE XXXIX

Des marchés.

1. En fait de construction, quand les matériaux sont fournis par l'entrepreneur, ce dernier est responsable si la chose vient à périr avant d'avoir été acceptée par le propriétaire, si toutefois ledit propriétaire de la chose n'a pas été mis en demeure de la recevoir.

2. Quand, dans une construction, l'ouvrier a seulement fourni son travail, si la chose vient à périr pour défaut de qualité des matériaux employés, le dit ouvrier n'a pas droit à son salaire, à moins qu'il n'ait prévenu le maître par-devant témoins de la mauvaise qualité des matériaux.

3. L'entrepreneur d'un bâtiment donné à prix fait est responsable pendant dix ans, quand même le bâtiment viendrait à périr par vice du sol.

4. Si l'entrepreneur qui s'est chargé d'une construction à prix fait, apporte quelques changements au plan arrêté avec le propriétaire, il ne peut demander aucune augmentation, sous le prétexte qu'il y a eu un surcroît de dépenses, à moins de conventions contraires avec le propriétaire.

5. Le propriétaire qui a fait marché pour la construction

d'un bâtiment, peut toujours résilier son marché, même pendant le cours des travaux ; mais, dans ce cas, il a à tenir compte à l'ouvrier du travail fait et lui doit des dommages-intérêts portant sur les bénéfices qu'il aurait pu faire dans l'entreprise.

6. Les ouvriers employés par un entrepreneur à une construction ont le droit d'arrêter entre les mains du propriétaire le montant de ce qui leur est dû pour leur travail, mais seulement jusqu'à concurrence de la somme que le propriétaire doit lui-même à l'entrepreneur au moment de l'arrêt.

7. L'entrepreneur est responsable des fautes de ses ouvriers.

8. Le simple ouvrier qui prend du travail à son compte est astreint aux règles applicables aux entrepreneurs.

9. Le marché est résilié de droit en cas de mort de l'architecte ou de l'entrepreneur. Le propriétaire, dans ce cas, est tenu de payer à qui de droit la valeur des constructions faites ainsi que celle des matériaux préparés.

10. Un marché verbal au sujet d'une construction est résiliable au gré des parties, sauf indemnités de part ou d'autre, s'il y a eu préjudices de causés.

CHAPITRE XL

Du cautionnement.

1. Le cautionnement consiste à répondre pour un autre du paiement d'une somme due. La caution est la personne qui prend cet engagement.

2. Les engagements pris par une personne qui s'est faite caution, passent, en cas de décès, à ses héritiers.

3. Celui qui se rend caution pour un autre peut être poursuivi, par le créancier, avant cet autre ; mais dans ce cas, celui qui est caution peut suspendre les poursuites dirigées

contre lui, en demandant au tribunal qu'avant tout les biens de celui dont il s'est rendu caution soient saisis et vendus. Cette demande, toutefois, n'est pas admise si, dans l'acte il est dit que la caution s'est engagée *solidairement avec le débiteur* à payer la somme due par ce dernier, ou si l'on s'est rendu caution à la suite d'une condamnation du débiteur en justice.

4. Lorsque plusieurs personnes se sont rendues cautions pour une autre, elles sont séparément responsables de toute la dette ; cependant, elles peuvent exiger que le créancier divise son action et la réduise à la part et portion de chaque caution ; mais si l'acte porte que les cautions se sont engagées *solidairement avec le débiteur*, le créancier peut poursuivre séparément chaque caution pour le paiement de la somme entière. Dans ce cas, la caution poursuivie a recours contre les autres et toutes ont recours contre le débiteur dont elles se sont faites cautions.

5. Si celui qui est caution paie la somme due sans avertir le débiteur, il perd son recours contre ce dernier, si ce débiteur se trouve avoir payé une seconde fois ; mais il a recours en remboursement contre le créancier.

CHAPITRE XLI

De la procuration.

1. La procuration ou mandat est un acte par lequel on donne pouvoir à quelqu'un de faire quelque chose en son nom.

2. On appelle *mandataire* celui qui est fondé de pouvoirs, et *mandant* celui qui a passé procuration.

3. On peut passer procuration soit par acte notarié soit par acte sous-seing privé, que l'on doit faire enregistrer. Il n'est pas nécessaire que l'acte soit fait en double.

4. Le mandant peut retirer sa procuration quand bon lui semble et au besoin obliger le mandataire à lui délivrer l'acte.

5. Le mandataire, de son côté, peut aussi renoncer à volonté à son mandat. Il suffit qu'il notifie au mandant sa renonciation. Si, sur le moment, cette renonciation causait un certain préjudice au mandant, celui-ci pourrait réclamer des dommages-intérêts au mandataire, à moins que le mandataire établisse que le mandat est préjudiciable à ses intérêts.

6. On peut passer procuration générale n'importe pour quelles choses ; cependant, il est des cas où il faut un pouvoir spécial ; comme celui de passer des baux de plus de neuf ans, celui de représenter un membre d'un conseil de famille.

7. La Cour de cassation a décidé qu'un mandataire n'est pas admis à hypothéquer les biens de son mandant, en vertu d'une procuration sous-seing privé de ce dernier. Il faut une procuration notariée.

8. Le mandataire est responsable envers le mandant pour tous les actes qui pourraient lui causer préjudices et de toutes les fautes que lui, mandataire, pourrait commettre dans sa gestion.

9. Sur la demande du mandant, tout mandataire est tenu de rendre compte de sa gestion au moyen d'un état de recettes et dépenses.

10. Si le mandataire a employé à son usage des sommes appartenant au mandant, il en doit l'intérêt à partir du jour qu'elles ont été touchées.

11. Le mandataire ne peut se faire substituer, c'est-à-dire se faire représenter dans sa gestion, par un autre fondé de pouvoir, qu'avec l'autorisation de son mandant.

12. En général, le mandataire doit remplir son mandat au mieux des intérêts de son mandant, sous peine de dommages-intérêts, s'il y a négligence, dol ou fraude. Dans les deux derniers cas, le mandataire peut même être poursuivi correctionnellement.

13. Le mandant, sauf conventions contraires, est tenu de

rembourser au mandataire les avances qu'il peut avoir faites et lui payer le salaire convenu.

Le mandant n'est pas obligé de rembourser à son fondé de pouvoir les dépenses que ce dernier auraient faites sans nécessité, ni les pertes qu'il aurait subies par sa faute.

CHAPITRE XLII

Du contrat d'apprentissage.

1. Le contrat d'apprentissage peut être convenu verbalement ou établi sous forme sous-seing privé ou par acte notarié.

2. Quand les conditions sont établies verbalement, la preuve par témoins, en cas de contestations, n'est admise que pour des réclamations ne dépassant pas 150 fr.

3. Devoirs du maitre. — Le maître doit se conduire en bon père de famille envers l'apprenti ; surveiller sa conduite, avertir les parents des fautes graves que l'apprenti peut commettre ; les avertir des absences prolongées, les prévenir en cas de maladie.

Sauf conventions contraires, l'apprenti ne devra être employé qu'aux travaux qui se rattachent à sa profession et jamais à des travaux insalubres ou au-dessus de ses forces.

Il devra lui enseigner tout ce qui a rapport à son art, à son métier ou à sa profession.

4. Pour les apprentis âgés de moins de 14 ans, le travail ne pourra dépasser 10 heures par jour, et 12 heures de 14 à 16 ans. Aucun travail de nuit ne peut être imposé aux apprentis ayant moins de 16 ans.

Les jours fériés devront être pour eux des jours de repos. Si par les conventions, ils sont chargés de ranger l'atelier le dimanche, ce travail ne doit pas se prolonger au-delà de 10 heures du matin.

5. DEVOIRS DE L'APPRENTI. — L'apprenti doit fidélité, obéissance et respect à son maître ; il doit l'aider dans la mesure de ses capacités et de ses forces.

A la fin de son apprentissage, il doit remplacer le temps qu'il n'a pu employer pour cause de maladie ou d'absence ayant duré plus de quinze jours.

6. CAS DE RÉSILIATION. — Les deux premiers mois d'apprentissage sont réputés être à titre d'essai ; le contrat d'apprentissage pendant ce temps peut être annulé par chacune des parties, à sa volonté ; sans que ni l'une ni l'autre puissent prétendre à aucune indemnité.

7. Le contrat d'apprentissage est résilié de plein droit sans qu'il y ait lieu à indemnité : 1° Par la mort du maître ou de l'apprenti ; 2° Si l'un ou l'autre est appelé au service militaire ; 3° Si l'un ou l'autre vient à être condamné pour crime ou pour attentat aux mœurs, ou à trois mois d'emprisonnement pour certains délits.

8. Le maître peut demander la résiliation du contrat pour cause de désobéissance et d'inconduite habituelles de l'apprenti.

9. La résiliation peut être demandée par les parents de l'apprenti si le maître transporte sa résidence dans une commune autre que celle qu'il habitait au début de l'apprentissage. Dans ce cas, la demande de résiliation doit être faite dans les trois mois à compter du jour où le maître a changé de résidence.

La résiliation peut encore être demandée par l'apprenti pour cause de mariage. Elle peut être demandée si l'un ou l'autre a encouru une condamnation à plus d'un mois d'emprisonnement.

10. Des demandes d'indemnités peuvent être faites par le maître, si l'apprenti l'a quitté sans motif sérieux, et par l'apprenti, si le maître l'a renvoyé sans motifs graves.

11. CONDITIONS RESTRICTIVES IMPOSÉES AUX MAITRES PAR LA LOI. — Celui qui n'est pas âgé de 21 ans révolus ne peut recevoir un apprenti mineur.

12. Aucun maître célibataire ou veuf ne peut loger comme apprenties des jeunes filles mineures.

13. Il est interdit aux individus ci-après de recevoir des apprentis ; savoir :

Ceux qui ont subi des condamnations pour crimes ou pour attentat aux mœurs ;

Ceux qui ont été condamnés pour vol ou tentatives de vol, qui ont employé dans certains cas des manœuvres frauduleuses pour arriver à leur but, qui ont commis des abus de confiance, qui ont trompé un acheteur sur le titre des matières d'or ou d'argent, ou la nature de toutes marchandises ; qui ont fait usage de faux poids ou de fausses mesures.

CHAPITRE XLIII

Des Dépôts.

1. On appelle dépôt l'acte par lequel on confie à autrui une chose quelconque pour un temps plus ou moins déterminé, avec obligation de la restituer en nature.

2. Celui qui a accepté un dépôt doit, en vertu de l'art. 1927 du Code, apporter dans la garde de la chose déposée les mêmes soins qu'il apporte dans la garde des choses qui lui appartiennent ;

3. Le dépositaire ne peut se servir de la chose déposée sans la permission du déposant. Il ne doit point chercher à connaître quelles sont les choses qui lui ont été confiées, si ces choses sont renfermées dans des meubles ou boîtes fermées, et si on lui en a donné connaissance, il ne doit rien divulguer à autrui.

4. Il doit restituer la chose même qui lui a été donnée en dépôt.

5. Le dépositaire d'une somme d'argent n'est tenu d'aucun intérêt envers le déposant, si ce n'est à partir du jour où il a

été mis en demeure de rendre le dépôt; s'il tarde, il doit les intérêts pour le temps de retard qu'il a mis à le rendre.

6. Le dépositaire ne doit restituer la chose déposée qu'à celui qui la lui a confiée ou à son fondé de pouvoir, et en cas de mort du déposant elle doit être restituée aux héritiers.

7. Si l'acte de dépôt n'indique pas le lieu de la restitution, elle doit être faite au lieu même du dépôt. Si l'acte de dépôt indique un lieu, le transport des objets est à la charge du déposant.

8. Le dépôt doit être restitué aussitôt qu'il est réclamé, quand même l'acte porterait que la restitution n'aura lieu qu'à telle date.

9. Le déposant est tenu de rembourser au dépositaire les dépenses qu'il a pu faire pour la conservation des objets donnés en dépôt, et doit l'indemniser des pertes que le dépôt a pu lui occasionner.

10. Le dépositaire peut retenir la chose déposée jusqu'à paiement de ce qui peut lui être dû au sujet des dépenses faites et des pertes subies.

11. Sauf conventions contraires, le dépositaire n'a droit à aucune indemnité de location des objets déposés.

12. Le dépositaire qui a reçu un dépôt sans avoir été tenu à délivrer une reconnaissance, et qui nie avoir reçu le dépôt, ne peut être poursuivi à restitution par témoins que jusqu'à concurrence de 150 francs. Ainsi pour être en droit de réclamer un dépôt d'une valeur supérieure à 150 francs, il faut une preuve écrite.

CHAPITRE XLIV

Des preuves, des témoins et du serment.

1. Des preuves par témoins. — Les preuves par témoins, lorsqu'il n'y a pas d'écrit, ne sont acceptées en justice qu'autant que la réclamation ne dépasse pas 150 fr.

2. Celui qui, sans écrit, réclame d'abord plus de 150 francs et qui ensuite réduit sa réclamation à 150 francs ou au-dessous, n'est plus admis à fournir des preuves par témoins.

3. Est admise n'importe pour quelle somme la réclamation de celui qui a un commencement de preuves par écrit, telle qu'une lettre, etc.

4. En matière de commerce le juge a la faculté de recevoir les preuves par témoins, quelle que soit l'importance de la réclamation.

5. La preuve par témoins est aussi admise quand il a été impossible à un créancier de se procurer l'expédition de son titre ou quand ce titre se trouve perdu par cas fortuit ou imprévu, résultant d'une force majeure.

6. Elle est aussi admise lorsqu'elle est relative à des dépôts faits en cas d'incendie, naufrage, etc.

Les voyageurs sont admis à fournir des preuves par témoins au sujet des effets et marchandises laissées en dépôt dans les hôtels

7. Ne peuvent être assignés comme témoins les parents ou alliés en ligne directe de l'une des parties.

8. Peuvent être refusés comme témoins, par les parties dans les contestations, si la chose est bien établie ; 1° Ceux chez lesquels il y a faiblesse de raison ;

2° Ceux qui ont une réputation réellement mauvaise ;

3° Les parents ou alliés en ligne collatérale jusqu'au 6e degré, comme capables de partialité ;

4° Ceux qui sont sous la dépendance des parties en contestations, comme les domestiques, les commis, les employés ;

5° Ceux qui ont un intérêt quelconque à la chose en discussion ;

6° Ceux qui sont tenus au secret par leur état ou profession comme les médecins, les chirurgiens, les sages-femmes, les pharmaciens, les confesseurs, etc.

7 *bis*. Les témoins assignés en justice doivent comparaître, sous peine d'amende. Cette amende peut aller de 10 fr. à 100

francs au profit de la partie assignée. De plus, ils sont réassignés à leurs frais. Si, pour affaire criminelle, ils refusent de se présenter, les juges peuvent décerner un mandat d'amener.

8 *ter*. Ne peuvent être témoins : 1° Celui qui a perdu ses droits en vertu d'un jugement ; 2° Ceux qui ont été condamnés aux travaux forcés, à la dégradation ou condamnés pour calomnie, escroquerie, larcin, abus de confiance en écriture, etc.

9. Faux témoignages. — Celui qui témoigne à faux en matière criminelle, dit le Code pénal, sera condamné à la peine des travaux forcés à temps.

10. Celui qui témoigne à faux en matière correctionnelle est puni de la réclusion.

11. Le témoin qui aura accepté une récompense pour témoigner à faux en matière correctionnelle ou dans une procédure, sera puni des travaux forcés à temps.

12. Celui qui aura poussé des personnes à témoigner à faux, sera puni d'une peine, en proportion de la gravité de la chose affirmée à faux.

13. Celui qui, sommé de prêter serment dans une affaire au Tribunal civil, aura fait un faux serment sera puni de la perte des droits que lui donne sa qualité de citoyen français.

14. Du serment. — Le serment ne peut être admis en matière civile que dans les cas où la preuve par témoins est admise elle-même, c'est-à-dire pour des réclamations n'allant pas au-delà de 150 francs.

15. Celui à qui le serment est demandé et qui le refuse n'est pas reconnu fondé dans ses moyens de défense.

16. Le serment peut être référé, c'est-à-dire, qu'on peut demander que la partie qui réclame le serment le prête à notre place.

17. Indemnités allouées aux témoins. — Le témoin qui est rentier ou sans profession et qui est appelé en justice de paix, pour déposer sur une affaire de procédure, a droit à une indemnité de 2 francs par jour, s'il est domicilié dans le canton.

S'il est domicilié hors du canton et que la distance à parcourir soit de plus de 25 kilomètres, il aura droit à autant de fois 4 fr, par jour qu'il y aura de fois 50 kilomètres à parcourir. Il a en outre droit à des frais de voyages.

18. Si le témoin domicilié dans le canton a une profession, il a droit à une indemnité égale à sa journée de travail. S'il a été obligé de se faire remplacer dans son travail, cette indemnité doit être doublée.

S'il est domicilié hors du canton, les indemnités sont calculées suivant la distance, comme pour le témoin sans profession.

19. Le témoin appelé à déposer au Tribunal pour une affaire de procédure est taxé ainsi qu'il suit, par journée de travail, savoir :

1° Une indemnité égale à la valeur d'une journée de la profession qu'il exerce jusqu'à concurrence de dix francs par jour au plus ;

2° Ses frais de voyage s'il a eu plus de 20 kilomètres à parcourir, à raison de 3 francs par 10 kilomètres (aller et retour réunis).

20. Le témoin qui est appelé en justice de paix, devant les Tribunaux pour affaire criminelle ou ayant rapport à des délits, a droit aux indemnités ci-après, savoir :

Dans les villes de 40,000 âmes et au-dessus 1 fr. 50, et au-dessous partout 1 fr. par jour. Dans ce dernier cas, les témoins du sexe féminin et les enfants au-dessous de 15 ans n'ont droit qu'à 75 centimes. De plus, on a droit à une indemnité de un franc, par dix kilomètres parcourus, (aller et retour réunis), si l'on est à plus de dix kilomètres de l'endroit ou l'on est appelé et que l'on ne sorte pas de son arrondissement.

21. Le témoin qui est obligé de séjourner dans les localités où il est appelé, a droit à une indemnité de 3 francs par jour dans les villes, et 1 fr. 50 dans les communes ; plus les frais de voyage, comme ci-dessus.

CHAPITRE XLV

Des contributions directes.

1. Exemptions. — Les bâtiments ruraux, tels que écuries, granges, fenils, caves, etc., ne sont point imposés comme bâtiments. Le sol seul est soumis à l'impôt foncier.

2. Tout propriétaire qui a démoli une maison, a droit de se faire dégrever de l'impôt à dater du moment où la démolition a été achevée. La demande de dégrèvement doit être faite dans les trois mois qui suivent.

3. Toute maison d'habitation convertie en écurie, fenil, grange, bûcher, etc., peut être dégrevée de l'impôt.

4. Sont exemptes de l'impôt des portes et fenêtres, toutes maisons non habitées et toutes maisons nouvellement construites, mais pour deux ans seulement. Les chalets, les bûchers, les serres, les buanderies sont exempts de l'impôt des portes et fenêtres.

5. — Ne sont pas sujettes à une augmentation d'impôt : 1° Pendant 30 ans, toutes terres en friche depuis 10 ans, qu'on aura plantées en bois ; 2° Pendant 20 ans, toutes terres vagues ou en friche depuis 15 ans, qu'on aura plantées en vigne ou en arbres à fruits ; 3° Pendant 25 ans, tout marais qu'on aura mis en état de culture.

6. Tout propriétaire qui veut avoir droit à ces divers avantages, doit déclarer à la préfecture les terrains qu'il veut améliorer.

7. *Cote personnelle et mobilière.* — Tout habitant des deux sexes, non indigent et jouissant de ses droits, doit être imposé à la cote personnelle et mobilière. En conséquence, outre les chefs de famille, doivent être imposés : 1° Les veuves ; 2° Les femmes séparées de leurs maris ; les garçons et filles majeurs pour la cote personnelle seulement, s'ils habitent avec leurs parents ; 3° Les mineurs mêmes ayant des moyens suffisants d'existence.

8. Sont exempts, les domestiques des deux sexes qui sont nourris et logés chez leurs maîtres.

9. La cote personnelle ne peut être moindre de 1 fr. 50 par individu.

10. *Des ouvertures imposables.* — Sont imposables : 1° Le portes et fenêtres donnant jour dans la maison d'habitation ; 2° les portes et fenêtres donnant jour ou entrée à des ateliers, chantiers, hangars, magasins ou boutiques ; 3° les ouvertures servant à éclairer les escaliers d'une maison d'habitation, quand même ces ouvertures se trouveraient dans le toit ; 4° les ouvertures donnant sur une cour intérieure recouverte d'un vitrage ; 5° les ouvertures éclairant un grenier servant de magasin ; 6° la porte d'entrée d'un jardin attenant à une maison d'habitation.

11. Doivent être imposées comme portes cochères, les portes donnant passage à des voitures et accès à des maisons d'habitation ou à des cours en dépendant ou à des champs.

Si ces portes sont des claires-voies ou barrières, elles ne sont imposables qu'autant qu'elles sont à deux battants.

12. Si dans le même bâtiment il existe plusieurs portes cochères, une seule doit être taxée comme telle, les autres doivent être imposées à la taxe ordinaire.

13. Le propriétaire qui a plusieurs maisons meublées dans plusieurs communes, doit la taxe mobilière dans chacune de ces communes.

14. Les fonctionnaires publics logés gratuitement dans des bâtiments appartenant aux communes, comme les instituteurs, les curés, etc., doivent être imposés à la taxe mobilière.

15. *Prescriptions diverses.* — La contribution personnelle et mobilière est due pour l'année entière au percepteur : 1° En cas de déménagement ; 2° En cas de vente volontaire ou forcée.

16. Quand il y a déménagement d'un locataire, le propriétaire doit s'assurer avant le déménagement si le locataire a acquitté sa contribution personnelle et mobilière. S'il ne l'a

pas fait, avis du déménagement doit être donné au percepteur par le propriétaire au moins trois jours d'avance, sous peine d'être responsable de la taxe.

Si le déménagement du locataire a eu lieu à l'insu du propriétaire, ce dernier devient responsable de la contribution personnelle et mobilière et de la patente du locataire disparu, s'il n'a pas fait constater le déménagement par le maire dans les trois jours. De même, tout propriétaire qui n'aurait pas, un mois avant la fin du bail d'un locataire payant patente, donné avis au percepteur du déménagement de ce locataire, est responsable du dernier douzième échu et du douzième courant de la patente.

Ces prescriptions font exception en ce qui concerne les locataires, fermiers de biens ruraux.

17. Des réclamations. — Toute réclamation ayant trait à une réduction de 30 francs et au-dessus, doit être faite sur papier au timbre de 60 centimes et adressée à la Préfecture dans les trois mois qui suivent la mise en recouvrement des rôles. Doivent être joints à la pétition : 1° le bordereau ; 2° la quittance des termes échus.

Les réclamations au-dessous de 30 fr. peuvent être faites sur papier non timbré.

18. Quand il n'est pas donné suite à une réclamation, le réclamant a 10 jours, soit pour fournir de nouvelles observations, soit pour faire juger la chose par voie d'experts. Dans ce cas, l'administration nomme son expert et le réclamant en fournit un à son choix.

19. Il y a recours au Conseil d'État contre les arrêts du Conseil de Préfecture. Ce recours doit être demandé sur papier timbré et on le transmet au gouvernement par la voie de la Préfecture.

20. Si une réclamation porte sur plusieurs espèces de contributions, il faut une demande spéciale pour chaque sorte.

21. Quand la chose frappée d'impôt vient à périr, en

partie ou en totalité, la demande en décharge ou en réduction doit être faite dans les 15 jours qui suivent celui de la perte.

22. Les demandes en décharge pour défaut de location doivent se faire dans les 15 jours qui suivent le trimestre de chômage ou dans les 15 jours qui suivent la fin de l'année.

MODÈLES DE RÉCLAMATIONS

1° Pour une maison démolie.

Monsieur le Préfet,

Le soussigné, Joseph Lacroix, demeurant à......... a l'honneur de vous exposer que la maison qu'il possédait à Lavours, section A, n° 550 du plan cadastral de cette commune, vient d'être démolie.

En conséquence, le soussigné vous prie, Monsieur le Préfet, de prononcer en sa faveur la remise pour les six derniers mois de l'année, ainsi que pour les années subséquentes, de l'impôt frappant ladite maison.

Ce faisant vous obligerez votre très humble serviteur,

LACROIX.

2° Pour une maison restée inhabitée.

Monsieur le Préfet,

J'ai l'honneur de vous exposer que, malgré toutes les démarches que j'ai faites, je n'ai pu arriver à louer la maison que je possède à St-Remy, section D, n° 680 du plan cadastral de cette commune.

En voulant bien m'accorder pour une année décharge de l'impôt des portes et fenêtres de ladite maison, vous obligerez, Monsieur le Préfet, celui qui a l'honneur d'être votre très humble serviteur,

NICOLAS,

propriétaire à Thoirette.

NOTA. — La présente pétition doit être envoyée dans les 15 jours qui suivent la vacance.

3° Demande en réduction.

Le soussigné, Léon Belfont, domicilié à Montmerle, a l'honneur de vous exposer qu'à son point de vue, la taxe mobilière qu'il est appelé à payer d'après un loyer de 70 fr., est beaucoup trop élevée ; car son logement est loin d'avoir l'importance de ceux des sieurs Vitte et Laurent de la même commune, lesquels ne paient que sur une valeur locative de 50 fr.

Le soussigné demande, en conséquence, à être taxé sur 50 fr. de loyer.

Ce faisant, vous obligerez, Monsieur le Préfet, celui qui a l'honneur d'être, etc...

Belfont.

CHAPITRE XLVII

Des patentes.

1. Exemptions. — Ne sont point assujettis à la patente : 1° les ouvriers travaillant chez eux ou chez les particuliers, sans compagnon ni apprenti, quand même ils travaillent pour leur compte et qu'ils ont une enseigne ; 2° les commis et toutes les personnes travaillant à gage, à façon, ou à la journée ; 3° les cultivateurs pour la vente de leurs produits ; 4° les marchands ambulants vendant, sur les places publiques, des fruits, des légumes, du beurre, des œufs, des fleurs, des poissons, du fromage, etc.

2. Prescriptions. — Tout patentable est tenu d'exhiber sa patente lorsqu'il en est requis par le maire, le commissaire ou autres agents du fisc.

3. La patente est due pour l'année entière par tout individu exerçant au mois de janvier une profession imposable, ne l'aurait-il exercée que pendant un mois ; mais celui qui a en-

trepris après le mois de janvier une profession sujette à patente ne doit la contribution qu'à partir du 1er du mois dans lequel il a commencé d'exercer.

4. Les marchandises mises en vente par un individu non muni de patente peuvent être saisies et séquestrées, à moins qu'il ne donne caution en attendant la représentation de sa patente.

5. Comme pour les autres contributions, le patentable qui se croit mal imposé peut former une demande en décharge ou réduction de sa patente : la marche à suivre est la même.

6. Celui qui a cédé son établissement et qui, par conséquent, veut se faire décharger de sa patente, a trois mois à partir du jour de la cession pour adresser sa demande. En cas de décès ou de faillite du patentable, les demandes en décharge doivent être faites également dans les trois mois qui suivent.

7. Le patentable qui voit sa demande rejetée peut réclamer une expertise et peut, au besoin, en appeler au Conseil d'État. (Voir les articles 18 et 19 du chapitre précédent.)

8. Celui qui a égaré sa patente peut se faire délivrer un certificat par le directeur ou le contrôleur des contributions directes.

CHAPITRE XLVIII

De la régie et de l'impôt sur les boissons.

1. Aucun transport de boisson ne peut être fait, même par suite de déménagement, sans une déclaration préalable.

2. Tout conducteur, suivant les cas, doit être muni d'un congé, d'un acquit à caution ou d'un passavant pris au bureau de la régie.

3. Sont affranchies du droit de circulation les boissons de *leur récolte* que les propriétaires font transporter chez eux, pourvu qu'ils se munissent d'un acquit à caution et qu'à l'arrivée, ils fassent le dépôt de cet acquit au bureau de la régie.

4. Le conducteur d'un chargement dont le transport se trouve suspendu, doit en faire la déclaration au bureau dans les 24 heures et y laisser ses congés ou acquit en dépôt jusqu'à la reprise du transport.

5. Les voyageurs ne sont pas tenus de se munir d'expédition pour les vins destinés à leur usage pendant le voyage, pourvu qu'ils n'en transportent pas au-delà de trois bouteilles par personne.

6. Toute contravention est punie d'une amende de 100 à 600 fr. suivant la gravité des cas.

7. Dans les localités où les boissons paient un droit d'entrée elles ne peuvent être introduites, pendant les mois de janvier, février, novembre et décembre, que depuis sept heures du matin jusqu'à six heures du soir ; pendant les mois de mars, avril, septembre et octobre, depuis six heures du matin jusqu'à sept heures du soir ; et depuis cinq heures du matin jusqu'à huit heures du soir, pendant les autres mois.

8. Lorsqu'un chargement de boisson doit traverser une localité sujette aux droits d'entrée ou y séjourner quelques heures, le conducteur doit se munir d'un passe-debout à l'entrée, fournir caution ou déposer le montant des droits d'entrée, lesquels lui sont restitués au bureau de sortie.

9. Les marchandises peuvent être mises en transit pour le temps nécessaire. Dans ce cas, remplir les formalités énoncées à l'article 4 du présent chapitre.

10. Toute fraude sur les droits d'entrée est punie d'une amende de 100 à 200 francs, et de 1,000 francs si la fraude a eu lieu à l'aide d'une voiture suspendue, plus confiscation des marchandises.

Toute fraude par escalade ou à main armée est punie de six mois de prison.

10 *bis*. Tout débitant est tenu de déclarer aux commis le prix de vente de ses boissons. S'il survient des contestations au sujet des prix de vente, les employés doivent en référer au maire, lequel prononce sur le différend, sauf recours.

11. Tout débitant est admis à payer par abonnement annuel les droits de débit. Il peut même prendre des abonnements à l'hectolitre. Dans ces deux cas il est affranchi de l'obligation de déclarer ses prix de vente.

12. Tout individu qui veut ouvrir un débit de boisson est tenu d'en faire la déclaration d'avance au bureau de la régie et de désigner les espèces et quantités de boissons qui se trouvent en sa possession.

13. Tout débitant de boisson est sujet aux visites et exercices des employés de la régie.

CHAPITRE XLIX

De la prescription touchant les dettes.

1. En ce qui concerne les dettes la prescription est le fait par lequel une personne à qui il est dû une somme, perd, dans certains cas, le droit de la réclamer, passé les délais déterminés par la loi.

Ainsi, on a cinq ans pour se faire payer :

1° Une rente perpétuelle ou viagère ;

2° Les loyers des maisons et les fermages ;

3° Les intérêts cumulés des sommes prêtées ;

4° Les billets à ordre souscrits par des commerçants ou pour des actes de commerce ;

5° Les avoués ont le même délai pour réclamer les frais et honoraires qui leur sont dus pour des affaires *non terminées*.

2. Les avocats, les notaires, les greffiers, les agents d'af-

faires ont trente ans pour réclamer leurs honoraires. Les huissiers et les avoués, pour des affaires terminées, ont deux ans.

3. Ont un an pour se faire payer :

1° Les médecins et pharmaciens, pour leurs visites et leurs médicaments ;

2° Les maîtres pour le prix de l'apprentissage et les maîtres de pension pour le prix de la pension de leurs élèves ;

3° Les domestiques loués à l'année pour le prix de leurs gages.

4. Ont six mois pour réclamer :

1° Les instituteurs pour les leçons qu'ils donnent au mois ;

2° Les maîtres d'hôtel et les aubergistes pour ce qui a trait au logement et à la nourriture de leurs clients ou pensionnaires ;

3° Les ouvriers en général, pour le paiement de leurs journées et de leurs fournitures.

5. Quand il y a eu compte arrêté ou une reconnaissance écrite de la dette, on a trente ans.

Nota. — Celui qui a perdu une chose a trois ans pour la réclamer à celui qui s'en trouve possesseur, que la chose ait été vendue ou non à ce dernier. Toutefois, si elle a été achetée, l'acheteur a son recours contre celui duquel il la tient ; mais si la chose perdue ou volée a été achetée en foire, le réclamant, s'il veut rentrer en possession de la chose, doit rembourser au possesseur le prix qu'elle a coûté.

CHAPITRE L

Des droits d'enregistrement.

1. Les ventes d'immeubles ou d'usufruit par actes sous-seings privés, les baux à ferme ou à loyer et les cessions de baux doivent être enregistrés dans les trois mois de leur date, sous peine d'être appelé à payer doubles droits.

2. Les droits à payer pour une succession doivent être soldés dans les six mois à partir du jour du décès.

Si le dernier jour du délai se trouve être un dimanche ou un jour de fête légale, ces jours-là ne sont point comptés.

Si on laisse passer le délai prescrit de six mois, on sera appelé à payer un demi-droit en plus.

Si, plus tard, le receveur de l'enregistrement, à l'aide des ventes ou des baux qui ont été passés ou de toute autre manière, reconnaît que la déclaration a été faite au-dessous de la valeur, on est appelé à payer double droit pour le surplus.

3. Après dix ans, le receveur de l'enregistrement ne peut plus réclamer les droits d'une succession non déclarée.

Il a deux ans pour réclamer des suppléments de droit pour une fausse déclaration et cinq ans pour les omissions de biens.

Droits d'enregistrement, en principal, des actes les plus usuels.

1. Dans les successions, les droits à payer en ligne directe sont de un pour cent.

Dans une succession entre époux, ils sont de 3 pour cent.

Entre frères et sœurs, oncles, tantes, neveux et nièces, 6 f. 50 ;

Entre grands-oncles, et grand'tantes, petits-neveux, petites-nièces et cousins germains .... 7 fr. »

Entre parents au-delà du 4e degré .... 8 fr. »

Entre personnes non parentes .... 9 fr. »

Il faut savoir que pour l'application des droits dans les successions, les biens ruraux sont capitalisés au denier 25 et les biens urbains (des villes) au denier 20.

2. Dans les donations par contrat de mariage les droits sont, en ligne directe, de 1 franc 25 par cent pour les effets mobiliers et de 2 fr. 75 pour les immeubles.

Si la donation est faite entre époux, les droits sont de 1 fr. 50

par cent pour les effets mobiliers et de 3 fr. pour les immeubles, droits d'inscription compris.

Si elle est faite entre frères et sœurs, c'est 4 fr. 50, meubles et immeubles.

Au-delà, jusqu'au 4e degré, c'est 5 fr.

Au-dessus du 4e degré, c'est 5 fr. 50.

Si la donation est faite par des personnes non parentes des époux, c'est 6 francs.

3. Les donations hors du contrat de mariage entre époux, par actes entre vifs, paient 3 fr. par cent pour les meubles et 4 fr. 50 pour les immeubles.

Entre frères et sœurs, oncles, tantes, neveux et nièces, c'est 6 francs 50, meubles et immeubles, droit d'inscription compris.

4. Ventes. — Les ventes d'objets mobiliers et fonds de commerce paient 2 pour cent,

Les ventes mobilières après faillite paient 50 centimes.

Les ventes d'immeubles, 5 fr. 50.

5. Baux. — Le bail à ferme et le bail à loyer paient 20 centimes par 100 francs sur le prix cumulé de toutes les années. Si donc vous louez pour 9 ans une propriété quelconque à raison de 400 fr. par an, le droit de 20 centimes portera sur 9 fois 400 fr. ou 3.600 fr. et sera par conséquent de 7 fr. 20 centimes.

Une cession de bail paie de la même manière 20 centimes par 100 francs et une prorogation également 20 centimes, mais seulement sur le prix cumulé des années qui restent à courir.

6. Un bail où il est stipulé qu'il est fait pour 3 ou 6 ou 9 années paie comme s'il était fait pour 9 ans. Mais on peut ne payer que par périodes de trois ans.

7. Etat des lieux. — Un état des lieux enregistré paie un droit fixe de 2 fr.

8. Quittances. — La quittance de loyer enregistrée paie 50 centimes par 100 fr., comme toute quittance ordinaire.

9. Marchés sous-seing privé. — Paient 1 fr. par cent sur le prix convenu.

10. Billets. — Les billets s'enregistrent à 1 franc par 100 francs.

11. Rentes viagères. — L'acte s'enregistre à 2 pour 100 portant sur le capital et non sur la rente.

12. Testament olographe. — Le testament olographe paie un droit fixe de 5 francs.

Il peut être écrit sur papier libre, mais dans ce cas on est appelé à payer une amende de 50 francs.

13. Procuration. — La procuration est soumise à un droit fixe de 3 fr. 75, décimes compris.

14. Cautionnement. — L'acte du cautionnement d'une somme paie 50 centimes par 100 fr.

15. Expertises. — L'acte de nomination d'un expert paie un droit fixe de 3 francs, et un rapport d'expert paie 2 francs.

16. Bornage. — Le procès-verbal de bornage s'enregistre moyennant un droit fixe de 2 francs.

17. Sociétés commerciales. — Droit fixe de 5 francs si l'acte est sous-seing privé et de 1 franc si l'acte est notarié. Dans les Sociétés par actions le droit d'enregistrement est de 50 centimes par 100 francs du capital nominal pour les Sociétés d'une durée de dix ans et au-dessous et 1 franc pour les Sociétés établies pour une durée de plus de dix ans.

18. Échanges. — Les actes d'échange d'immeubles paient 2 fr. 50 par cent. Le droit ne porte que sur la valeur de l'une des deux parts. S'il y a eu soulte ou retour l'enregistrement perçoit un droit de 5 fr. 50 0/0 sur la somme retournée. Dans ce cas le droit de 2 fr. 50 se calcule sur la portion qui a le moins de valeur.

19. Partage. — L'acte de partage d'une succession paie un droit fixe de 5 fr. S'il y a eu des retours de stipulés, on paie en plus sur les retours 2 0/0, s'il s'agit de meubles et 4 0/0 si les retours ont rapport à des immeubles.

20. Arbitres. — Les nominations d'arbitres paient un droit fixe de 3 fr.

21. Contrat de mariage. — Droit fixe : 5 fr.

22. Recours en cassation. — Droit fixe à payer : 25 fr.

23. Séparation de corps. — Les actes prononçant séparation de corps paient un droit fixe de 25 fr.

A tous ces droits principaux, il faut ajouter les décimes.

CHAPITRE LI

Principales dispositions de la loi du 28 mars 1882 sur l'enseignement.

Art. 4. — L'instruction primaire est obligatoire pour les enfants des deux sexes âgés de six ans révolus à treize ans révolus ; elle peut être donnée soit dans les établissements d'instruction primaire ou secondaire, soit dans les écoles publiques ou libres, soit dans les familles par le père de famille lui-même ou par toute personne qu'il aura choisie.

Art. 5. — Une commission municipale scolaire est instituée dans chaque commune pour surveiller et encourager la fréquentation des écoles. Elle se compose du maire, président, d'un délégué du canton et du tiers au plus des membres composant le conseil municipal de la commune, etc..., lesquels resteront en fonctions jusqu'à l'élection d'un nouveau conseil municipal.

L'inspecteur primaire fait partie de droit des commissions scolaires de son ressort.

Art. 6. Il est institué un certificat d'études primaires ; il est décerné après un examen public auquel pourront se présenter les enfants dès l'âge de onze ans. Ceux qui l'auront obtenu seront dispensés du temps de scolarité obligatoire qui leur restait à passer.

Art. 7 et 8. (Résumé.) — Si les parents des enfants, ainsi que les tuteurs et patrons n'ont pas déclaré au maire, 15 jours avant la rentrée des classes, qu'ils entendent faire donner à l'enfant l'instruction dans la famille ou dans telle ou telle école publique ou privée de leur choix, le maire inscrira d'office l'enfant à l'une des écoles publiques de la commune et en avertira la personne responsable.

Art. 10. — Lorsqu'un enfant manque momentanément l'école, les parents ou les personnes responsables doivent faire connaître au directeur de l'école le motif de son absence.

Les motifs d'absence réputés légitimes sont les suivants : maladie de l'enfant, décès d'un membre de la famille, empêchements résultant de la difficulté accidentelle des communications. (Résumé de l'art. 10.)

Art. 12 et 13. — Lorsqu'un enfant aura absenté de l'école quatre fois dans le mois, même pour une demi-journée, le père, tuteur ou patron responsable sera appelé devant la commission pour rendre compte du motif des absences.

En cas de non comparution sans justification, la commission, à la première récidive dans les 12 mois qui suivront, ordonnera l'inscription pendant 15 jours ou un mois, à la porte de la mairie, des noms, prénoms et qualités de la personne responsable avec indication du fait. (Résumé des articles 12 et 13.)

Art. 14. (Résumé). — En cas d'une nouvelle récidive, la commission scolaire ou, à son défaut, l'Inspecteur primaire devra adresser une plainte au juge de paix. L'infraction sera considérée comme une contravention et le contrevenant pourra être condamné à une amende de 11 à 15 fr.

En cas de résistance systématique aux prescriptions de la loi, le contrevenant pourra être condamné à cinq jours de prison.

Art. 15. — La commission scolaire pourra accorder aux enfants, sur la demande des parents, des dispenses qui ne pourront dépasser trois mois, etc.

Art. 16. (Résumé.) — Les enfants qui reçoivent l'instruction dans la famille doivent, chaque année, à partir de la fin de la deuxième année d'instruction obligatoire, subir un examen. Si cet examen est jugé insuffisant et qu'aucune excuse ne soit admise par le jury, les parents seront mis en demeure d'envoyer leur enfant dans une école publique ou privée dans le délai de huitaine. Ils auront à faire savoir au maire quelle école ils auront choisie.

CHAPITRE LII

Principales dispositions de la loi sur le recrutement de l'armée.

1. Tout Français qui n'est pas déclaré impropre à tout service militaire peut être appelé depuis l'âge de 20 ans jusqu'à celui de 40 ans, à faire partie de l'armée active et des réserves. (Art. 3.)

2. Les hommes présents au corps ne prènnent part à aucun vote. (Art. 5.)

3. Sont exclus du service militaire : 1° les individus qui ont été condamnés à une peine afflictive ou infamante ;

2° Ceux qui ayant été condamnés à une peine correctionnelle de deux ans d'emprisonnement et au-dessus, ont en outre été placés, par le jugement de condamnation, sous la surveillance de la haute police, et interdits en tout ou en partie des droits civiques, civils ou de famille. (Art. 7.)

4. Appartiennent au canton pour le tirage au sort :

1° Les jeunes gens qui n'y sont pas domiciliés, mais dans lequel les père et mère ou tuteur de ces jeunes gens ont leur domicile ;

2° Les jeunes gens mariés y ayant leur père ou leur mère ;

3° Les jeunes gens mariés établis dans le canton, alors même que leur père ou leur mère n'y sont pas domiciliés ;

4° Les jeunes gens nés et résidant dans le canton, qui n'ont ni père ni mère, ni tuteur. (Résumé de l'art. 10.)

5. Exemptions. — Sont dispensés du service militaire en temps de paix :

1° L'aîné d'orphelins de père et de mère ;

2° Le fils unique ou l'aîné des fils, ou à défaut de fils ou de gendre, le petit-fils unique ou l'aîné des petits-fils d'une femme veuve ou d'une femme dont le mari a été légalement déclaré absent (disparu), ou d'un père aveugle ou entré dans sa 70e année.

Dans les cas prévus par les deux paragraphes précédents, le frère puîné (né après), jouira de la dispense, si le frère aîné est aveugle ou impotent.

3° Le plus âgé des deux frères appelés à faire partie du même tirage, si le plus jeune est reconnu propre au service ;

4° Celui dont un frère sera dans l'armée active ;

5° Celui dont un frère sera mort en activité de service, ou aura été réformé ou admis à la retraite pour blessures reçues ou infirmités contractées dans les armées de terre ou de mer. Dans ces deux derniers cas, la dispense se répètera dans la même famille autant de fois que les mêmes droits s'y reproduiront.

Celui qui, avant le conseil de révision, ou au 1er juillet, ou au moment de son incorporation se trouvera dans les cas d'exemption énoncés au n° 5, sera, sur sa demande, renvoyé dans ses foyers en disponibilité pour le temps qu'il aura à servir, à moins que sa présence sous les drapeaux ne procure la dispense à un frère puîné.

Les dispenses énoncées au présent article ne sont applicables qu'aux enfants légitimes ou légitimés. (Résumé de l'art. 17.)

6. Peuvent être ajournés deux années de suite à un nouvel examen du conseil de révision, les jeunes gens n'ayant pas la taille d'un mètre 54 centimètres, ou qui sont reconnus d'une complexion trop faible pour un service armé. Dans ce cas, ils doivent se représenter au conseil de révision du canton devant lequel ils ont comparu. (Art. 18.)

7. Des dispenses à titre provisoire comme soutiens de famille peuvent être accordées aux jeunes gens jusqu'à concurrence de quatre pour cent par département.

Chaque maire doit présenter sa liste au conseil de révision. (Art. 22.)

8. En temps de paix il peut être accordé des sursis d'appel (retard), aux jeunes gens qui, avant le tirage, en auront fait la demande.

A cet effet, ils doivent établir que, soit pour leur apprentissage, soit pour les besoins de l'exploitation agricole, industrielle ou commerciale à laquelle ils sont attachés, il est indispensable qu'ils ne soient pas enlevés immédiatement à leurs travaux.

Ces sursis peuvent être accordés pour un an et peuvent être renouvelés pour une seconde année. (Extrait de l'article 13.)

9. Les jeunes gens dispensés du service de l'armée active aux termes de l'article 17, les jeunes gens dispensés à titre de soutiens de famille, ainsi que ceux qui ont obtenu des sursis d'appel, sont astreints à certains exercices et sont appelés, en cas de guerre, comme les hommes de leur classe. (Extr. des art. 25 et 26.)

10. Quand les jeunes gens sont appelés au conseil de révision, ils sont admis à faire connaître l'arme dans laquelle ils désirent être placés.

La substitution de numéros est autorisée entre frères, si celui qui se présente comme substituant est reconnu propre au service. (Extr. de l'art. 28.)

11. Tout jeune homme reconnu propre au service est inscrit sur un registre matricule. Si le dit jeune homme change de domicile, il est tenu d'en faire la déclaration à la mairie de la commune qu'il quitte et à la mairie du lieu où il vient s'établir. S'il entend se fixer en pays étranger, il doit faire connaître le lieu où il va établir son domicile, et dès qu'il y est arrivé, en prévenir l'agent consulaire de France. (Extr. des art. 33, 34 et 35.)

12. Du service militaire. — Tout Français qui n'est pas déclaré impropre au service militaire fait partie :

De l'armée active pendant cinq ans ;

De la réserve de l'armée active pendant quatre ans ;

De l'armée territoriale pendant cinq ans ;

De la réserve de l'armée territoriale pendant six ans.

Le temps de service actif dans l'armée de mer est de cinq ans et de quatre ans dans la réserve.

La durée du service compte du 1er juillet de l'année du tirage au sort. (Extr. des art. 36, 37 et 38.)

13. Les hommes de la réserve de l'armée active sont assujettis pendant le temps de service de la dite réserve à prendre part à deux manœuvres, dont la durée ne peut être de plus de quatre semaines.

14. Les hommes en disponibilité de l'armée active et les hommes de la réserve peuvent se marier sans autorisation.

Ceux des hommes en disponibilité ou en réserve qui sont pères de quatre enfants vivants, passent de droit dans l'armée territoriale. (Extr. des art. 43 et 44.)

15. Des engagements. — L'engagé volontaire doit :

1° S'il entre dans l'armée de mer, avoir 16 ans accomplis, sans être tenu d'avoir la taille prescrite par la loi, mais sous la condition qu'à l'âge de 18 ans il ne pourra être reçu s'il n'a pas cette taille ;

2° S'il entre dans l'armée de terre, avoir 18 ans accomplis et au moins un mètre 54 c. ;

3° Savoir lire et écrire et jouir de ses droits civils ;

4° N'être ni marié, ni veuf avec enfants ;

5° Être porteur d'un certificat de bonnes vie et mœurs.

Si l'engagé a moins de 20 ans, il doit justifier du consentement de ses père et mère ou tuteur. Ce dernier doit être autorisé par une délibération du Conseil de famille.

La durée de l'engagement volontaire est de cinq ans. (Extr. des art. 46 et 47.)

16. Les rengagements peuvent être reçus pour 2 ans au moins et 5 ans au plus, et doivent être demandés pendant le cours de la dernière année de service sous les drapeaux. Ils sont renouvelables jusqu'à 29 ans accomplis pour les caporaux

et soldats et jusqu'à 35 ans accomplis pour les sous-officiers. (Art. 51.)

17. Pénalités. — Tout homme inscrit sur le registre matricule qui n'a pas fait les déclarations de changement de domicile prescrites, est puni d'une amende de 10 fr. à 200 fr. et peut être condamné à un emprisonnement de 15 jours à 3 mois.

En temps de guerre la peine est double.

Toute fraude ou manœuvre pour éviter le tirage au sort est punie d'un emprisonnement d'un mois à un an.

Sont punis de la même peine, les jeunes gens qui n'ont pas comparu devant le Conseil de révision et les jeunes gens qui, à l'aide de fraudes ou manœuvres, se sont fait exempter. Les auteurs ou complices sont punis de la même peine et les jeunes gens feront partie de droit de l'armée active. (Extr. des art. 59 et 60.)

18. Tout jeune soldat qui n'est pas arrivé à sa destination au jour dit, est, après un mois de délai et hors le cas d'empêchement absolu, puni en temps de paix d'un emprisonnement d'un mois à un an, et en temps de guerre de deux à cinq ans. Le temps de la peine ne compte pas dans les années de service exigées. (Extr. de l'art. 61.)

19. Celui qui a recélé un insoumis est puni d'un emprisonnement qui peut aller à six mois ; s'il a favorisé son évasion, l'emprisonnement sera d'un mois à un an. La peine est la même pour celui qui a empêché ou retardé le départ d'un jeune soldat. (Extr. de l'art. 62.)

20. Tout jeune homme qui s'est rendu volontairement impropre au service, est puni d'un emprisonnement d'un mois à un an pour être envoyé ensuite, s'il y a lieu, dans une compagnie de discipline. La même peine d'emprisonnement est applicable aux complices.

Si les complices sont des médecins, chirurgiens ou pharmaciens, la durée de l'emprisonnement sera de deux mois à deux ans, indépendamment d'une amende de 200 à 1,000 fr. (Extr. des art. 62 et 63.)

21. Tout individu qui aura fait des dons aux médecins et chirurgiens faisant partie d'un Conseil de révision, ou qui aura cherché à les corrompre pour les rendre favorables aux jeunes gens qu'ils sont appelés à examiner, sera puni d'un emprisonnement de deux mois à deux ans.

Il est défendu, sous la même peine, aux dits médecins et chirurgiens, de rien recevoir, même pour une réforme légale. (Résumé des art. 66 et 67.)

22. Tout homme ayant passé 12 ans sous les drapeaux, dont quatre au moins avec le grade de sous-officier, reçoit des chefs de corps, un certificat en vertu duquel il obtient au fur et à mesure des vacances, un emploi civil ou militaire en rapport avec ses aptitudes.

CHAPITRE LIII

Renseignements sur certaines professions libérales et autres.

Enseignement.

1. Des instituteurs. — Nul ne peut exercer les fonctions d'instituteur public ou privé sans être muni du brevet de capacité.

2. Les connaissances exigées sont :

1° Pour le brevet simple : La langue française, l'orthographe, l'arithmétique jusqu'aux proportions, l'histoire de France, la géographie de l'Europe, particulièrement celle de la France, la calligraphie (trois genres d'écritures sont demandés), des notions de pédagogie et en plus, pour les filles, les travaux à l'aiguille ;

2° Pour le brevet supérieur : Les mêmes connaissances que pour le brevet simple, plus les suivantes : 1° La géométrie élémentaire ; 2° La littérature ; 3° L'arithmétique complète ; 4° Des éléments d'hygiène, de physique, de chimie, d'histoire naturelle, de dessin et de musique; 5° Des notions de gymnastique.

On peut faire ses études, soit dans une école normale primaire, soit dans toute autre école.

3. Professeurs. — En dehors des classes élémentaires, nul ne peut être nommé professeur dans un lycée sans le titre d'agrégé.

La voie la plus sûre pour arriver au concours de l'agrégation est l'admission à l'école normale supérieure.

Les conditions d'admission sont d'avoir 18 ans au moins ou 24 au plus, de signer un engagement de se vouer pour dix ans à l'instruction publique, de subir deux séries d'épreuves; les premières écrites et purement éliminatoires, les autres orales et définitives, et de produire le diplôme de bachelier ès lettres ou de bachelier ès sciences, selon la section d'études à laquelle se destinent les candidats.

L'admission à l'école normale supérieure est entièrement gratuite. Les cours durent trois ans. Dans les deux premières années, les élèves doivent avoir obtenu le grade de licencié.

Finances.

1° Percepteurs. — Connaissances exigées : Langue française, orthographe, arithmétique jusque et y compris les proportions.

Sauf les cas ci-après énoncés, nul ne peut être nommé percepteur s'il n'a exercé pendant deux ans comme percepteur surnuméraire sous les ordres du trésorier-payeur départemental.

Sont dispensés des conditions de surnumérariat : 1° Les individus qui justifient de sept ans de services administratifs ou militaires, où que des blessures reçues dans un service commandé ont mis hors d'état de continuer leur carrière ;

2° Les employés des Administrations publiques dont les fonctions auraient cessé par suite de suppression d'emploi.

Tout percepteur est tenu de verser un cautionnement proportionnel à l'importance de sa perception.

Enregistrement.

On n'est admis dans cette Administration que par concours, après un surnumérariat de trois ans, pendant lesquels les candidats subissent des examens chaque année. Pour concourir au surnumérariat, il faut être bachelier ès lettres, justifier d'un certain avoir et avoir travaillé au moins cinq mois dans les bureaux de l'Enregistrement comme postulant.

Droit.

1. Avoués. — Le certificat de capacité, après examen spécial, c'est-à-dire l'étude du droit pendant une année dans une faculté, suffit pour être avoué. Le diplôme de bachelier en droit peut tenir lieu de certificat.

Les candidats doivent justifier d'un stage chez un avoué.

La durée de ce stage qui est de cinq ans pour ceux qui n'ont obtenu que le certificat de capacité, a été réduit à 3 ans seulement pour les licenciés en droit.

L'étudiant peut faire son droit dans une faculté ou bien se placer comme clerc chez un avoué, et faire marcher de front son droit et sa cléricature, jusqu'à vingt-cinq ans, âge exigé pour être nommé aux fonctions d'avoué.

2. Notaires. — Le législateur n'a pas obligé le notaire à se faire licencier en droit ; mais il est bon que l'aspirant au notariat fasse ses efforts pour acquérir une solide instruction. Il fera bien de débuter chez un avoué pour apprendre la théorie du droit.

Pour être admis aux fonctions de notaire il faut avoir 25 ans, jouir de ses droits civils et avoir fait un stage de six ans dans une étude de notaire, dont une année au moins comme premier clerc, et produire un certificat de capacité de la Chambre des notaires.

3. Greffiers. — On ne peut être nommé greffier de justice de paix qu'à 25 ans révolus. On doit faire preuve d'une certaine instruction et avoir préparé ses connaissances en droit chez un avoué ou dans un greffe.

4. Huissiers. — Conditions d'admission : avoir 25 ans, avoir satisfait aux lois sur le recrutement, justifier qu'on a travaillé au moins deux ans dans une étude de notaire, d'avoué ou d'un huissier et produire un certificat de capacité délivré par la Chambre des huissiers de l'arrondissement.

Médecine.

1. Les jeunes gens qui se destinent à la médecine doivent être reçus bacheliers ès lettres lorsqu'ils prennent leur 1re inscription, et pourvus du diplôme de bachelier ès sciences avant de passer leur premier examen et de prendre leur cinquième inscription.

Outre les examens, une thèse doit être soutenue. Après l'avoir subie, on parvient aux deux seuls grades que la Faculté confère, celui de docteur en médecine avec celui de docteur en chirurgie.

Voici le résumé des conditions et épreuves pour arriver au doctorat en médecine : 1° Seize inscriptions ; 2° trois examens de fin d'année ; 3° cinq examens de fin d'études ; 4° cinq certificats d'aptitude ; 5° certificat d'aptitude à la suite de la thèse.

Le tout représente une dépense obligatoire de près de 1,100 francs, non compris le diplôme qui coûte 100 fr.

La durée des études dans les écoles de médecine est de quatre années.

2. Officiers de santé. — On appelle officiers de santé les médecins qui ne sont pas pourvus du diplôme de docteur. Le titre d'officier de santé s'obtient en remplissant certaines conditions d'études et est délivré par les facultés de médecine ou les écoles préparatoires.

L'officier de santé ne peut exercer que dans le département où il a été reçu et ne peut pratiquer les grandes opérations que sous la surveillance d'un docteur.

On peut être reçu officier de santé sans être muni du diplôme de bachelier ès lettres ou de bachelier ès sciences.

Ponts et Chaussées et Vicinalité.

1. Conducteurs des Ponts et Chaussées. — Les connaissances indispensables pour arriver à la position de conducteur des Ponts et Chaussées, sont les suivantes : 1° la langue française ; 2° l'orthographe ; 3° le dessin linéaire ; 4° le nivellement et l'arpentage ; 5° les mathématiques (géométrie rectiligne, arithmétique et trigonométrie) ; 6° les premiers éléments d'algèbre jusque et y compris les équations du 2e degré.

Les études sont libres.

2. Agents-voyers. — Les connaissances exigées sont les mêmes que pour les conducteurs des Ponts et Chaussées, moins la trigonométrie et l'algèbre.

CHAPITRE LIV

Articles divers : Conseil municipal. — Biens communaux. — Conseil de fabrique. — Curés. — Notaires.

1. Conseil municipal. — Toute commune est administrée par un Conseil municipal présidé par le Maire. Ce Conseil comprend dix membres dans les communes de 500 âmes et au-dessous ; douze dans celles de 501 à 1,500 ; seize de 1,501 à 2,500 ; vingt-un de 2,501 à 3,500, etc.

1 *bis.* Pour être élu conseiller municipal on doit être âgé de 25 ans accomplis, être résidant dans la commune depuis 6 mois et jouissant de ses droits civils et politiques.

2. Ne peuvent être élus conseillers municipaux : 1° les fonctionnaires publics salariés par la commune, tels que les instituteurs, les gardes, les secrétaires, etc. ; 2° les domestiques attachés à la personne ; 3° les personnes secourues par la commune ; 4° les ministres du culte ; 5° les personnes privées par jugements de leurs droits civils et politiques ; 6° les parents au degré de père, de fils, de frère, et les alliés au même degré.

3. On ne peut faire partie de plusieurs Conseils municipaux à la fois.

4. Un Conseil municipal ne peut délibérer valablement que lorsque la majorité des membres qui le composent est présente.

5. Tout membre qui a manqué non à trois convocations, mais à trois sessions consécutives, peut être regardé comme démissionnaire.

6. Lorsque dans une séance trois membres demandent le vote au scrutin secret, les autres ne peuvent s'y refuser.

7. Tout habitant de la commune a droit de prendre connaissance des délibérations prises par le Conseil municipal.

8. Biens communaux. — Les biens communaux, qu'ils appartiennent à la commune ou à une section de la commune seulement, ne peuvent être administrés que par le Maire assisté de son Conseil.

9. Pour avoir droit aux pâturages et aux bois d'affouages de la commune, il ne suffit pas d'être propriétaire dans la commune, il faut y être domicilié.

10. La loi interdit le partage des biens communaux entre les habitants de la commune. Mais une section de commune qui a des revenus qui lui sont propres peut en disposer pour elle seule pour des travaux ou construction d'utilité générale.

11. Conseil de fabrique. — Les fabriques sont chargées de veiller à l'entretien et à la conservation des églises, d'administrer les aumônes et les dons, rentes et perceptions autorisées par les lois.

12. Le Conseil de fabrique se compose de cinq membres dans les communes au-dessous de 5,000 âmes ; le curé et le Maire sont membres de droit.

13. Le Conseil de fabrique ne peut délibérer que lorsqu'il est en majorité. Ses délibérations portent sur le budget de la fabrique, sur le compte annuel du trésorier, sur l'emploi des fonds excédant les dépenses, des legs et donations, sur les dépenses extraordinaires dépassant 50 fr. dans les paroisses

au-dessous de mille âmes, et 100 fr. dans les paroisses au-dessus, sur les procès à entreprendre ou à soutenir, etc.

14. Tout conseil de fabrique doit constituer son bureau, dit bureau des marguilliers, chargé des affaires courantes.

Ce bureau doit être composé du curé, membre de droit, et de trois membres du conseil de fabrique.

15. Ne peuvent être nommés membres du bureau les parents et alliés jusqu'au degré d'oncle et de neveu.

16. Le bureau doit s'assembler tous les mois à l'issue de la messe pour s'occuper des affaires qui doivent être présentées au Conseil et pour l'administration journalière du temporel de la paroisse.

17. Les charges de la fabrique sont : 1° de fournir aux frais du culte ; 2° de pourvoir à la décoration et autres dépenses relatives à l'embellissement intérieur de l'église ; 3° de veiller à l'entretien des églises, presbytères et cimetières ; 4° de faire le traitement des vicaires.

18. Du curé. — Le curé ou desservant, en ce qui concerne le presbytère, est tenu des simples réparations locatives et des dégradations survenues par sa faute. A sa sortie, lui ou ses héritiers sont tenus des dites réparations et dégradations.

19. Le curé ne peut s'opposer aux ordres de l'autorité municipale, en ce qui concerne le libre accès à l'église par les fidèles, la sonnerie des cloches, les décorations extérieures de l'église et du presbytère pour les fêtes nationales. La police intérieure lui appartient, mais la police extérieure doit être faite par l'autorité.

20. A propos d'un enterrement le curé a le droit de refuser son ministère ; mais le maire, sur la demande de la famille, peut le faire remplacer par un autre ministre du culte.

21. Le curé est tenu de résider dans sa paroisse. Il doit réserver dans l'église une place distinguée pour les autorités civiles et militaires et ne faire sonner les cloches que pour ce qui concerne le service divin.

22. Pénalités. — Tout individu qui interrompt les céré-

monies religieuses peut être condamné à une amende pouvant aller à 500 fr., et si le trouble est grave il peut être condamné à un emprisonnement de un mois à deux ans.

23. Notaires. — Les notaires doivent prêter leur ministère lorsqu'ils en sont requis. Ils peuvent et doivent le refuser : 1° aux personnes incapables de contracter ou qui n'ont pas leur libre volonté ; 2° pour des choses qui ne sont pas de leur compétence ; 3° lorsque les parties refusent de faire l'avance des droits d'enregistrement.

24. Ils sont tenus de connaître le nom, l'état et la demeure des parties pour lesquelles ils reçoivent un acte ou de se les faire attester, dans l'acte même, par deux citoyens connus des notaires, sous peine de dommages-intérêts, si l'une des parties contractantes se trouve trompée par suite d'une supposition de personne.

25. Les notaires doivent faire enregistrer leurs actes dans les dix jours de la passation, s'ils résident dans la commune où le bureau d'enregistrement est établi, et dans la quinzaine s'ils ne résident pas dans cette commune, sous peine de 50 fr. d'amende.

26. Les testaments déposés chez les notaires ne doivent être enregistrés que dans les trois mois du décès du testateur.

27. Tout notaire est responsable des fonds à lui confiés pour être placés. Il est même responsable des mauvais placements qu'il faits, lorsqu'ils ont eu lieu sans l'assentiment des dépositaires de fonds.

28. Il est défendu aux notaires de donner connaissance de leurs actes à d'autres qu'aux personnes intéressées, sans une ordonnance du président du tribunal, à peine de dommages-intérêts et d'une amende de 100 fr.

29. Honoraires. — Dans les localités où il n'y a pas de tribunal de première instance les notaires ont droit à 4 fr. par vacation (trois heures de travail) :

1° Pour l'examen des pièces dans leur étude ;

2° Pour se présenter devant le juge, lorsqu'ils en sont requis ;

3° Pour les actes respectueux ;

4° Pour les inventaires après décès ;

5° Pour certains procès-verbaux en affaire de justice ;

6° Pour le dépôt au greffe des dits procès-verbaux.

Tous les autres actes du ministère des notaires, tels que les ventes volontaires, les partages, les échanges, etc., etc., sont taxés par le président du tribunal de première instance. En d'autres termes, lorsqu'un notaire s'est montré trop exigeant pour la passation d'un acte, on a toujours le droit de faire taxer ses honoraires par le président du tribunal, qui ordonnera un remboursement quelconque si le notaire a dépassé les limites de la raison.

30. Quand les notaires sont obligés de se transporter à plus de 20 kilomètres, ils ont droit pour leurs frais de voyage, à un cinquième de vacation par 10 kilomètres et quatre vacations (4 fois 4 fr.) par journée de 50 kilomètres.

Voitures. Animaux. Vices rédhibitoires.

1. VOITURES. TRANSPORTS. — Les voitures servant au transport des récoltes des champs à la ferme et de la ferme au marché ne sont assujetties à aucun règlement.

2. Les voitures servant au transport des personnes et des marchandises autres que les récoltes doivent être munies d'une plaque en *métal*, portant en caractères d'au moins 5 millimètres de hauteur, les nom, prénoms, profession du propriétaire, le nom de la commune, du canton et du département, de son domicile, le tout sous peine d'une amende de 6 à 15 fr. pour le propriétaire et de 1 à 5 fr. pour le conducteur.

3. Celui qui aura mis un faux nom ou un faux domicile sur sa plaque pourra être condamné à une amende de 50 à 200 fr. et à un emprisonnement de 6 jours à 6 mois.

4. La même peine est prononcée contre le conducteur qui ne donnerait pas son véritable nom, ou le nom du véritable propriétaire de la voiture.

5. Les essieux des voitures de roulage et de transport ne doivent pas avoir plus de 2 mètres 50 de longueur et une saillie hors du moyeu de plus de 6 centimètres, à peine d'une amende de 5 à 30 fr.

Tout clou de bande doit être rivé à plat.

6. Tout conducteur de voiture doit se ranger à sa droite à l'approche d'un autre véhicule et laisser libre la moitié de la route. Il doit toujours se tenir à la portée de ses chevaux ou bêtes de trait et ne pas stationner sans nécessité sur la voie publique, et si, par sa faute, il a causé des dégradations à la route, il pourra être condamné à une amende de 3 à 5 fr. et aux frais de la réparation.

7. Tout voiturier qui, sur l'ordre de la police ou des agents de la régie, refuse de s'arrêter, pourra être condamné à une amende de 16 à 100 fr.

8. Il est interdit de faire conduire par le même conducteur plus de quatre voitures attelées d'un cheval si elles sont à quatre roues, et plus de trois si elles sont à deux roues, sous peine de 6 à 10 fr. d'amende, et d'un emprisonnement de un à trois jours. S'il y a récidive l'amende sera de 15 fr. et l'emprisonnement de cinq jours.

9. Chaque voiture attelée de plus d'un cheval doit avoir son conducteur.

10. Tout conducteur de voiture est responsable des accidents de tous genres qui peuvent arriver aux personnes par sa faute, que ces personnes soient sur sa voiture ou non.

11. Animaux. — Tout propriétaire est responsable des dommages causés par ses animaux domestiques, et tout propriétaire qui trouve dans ses récoltes ou dans ses pâturages des animaux appartenant à autrui, a le droit de les saisir et de les faire conduire en fourrière (dépôt) dans les 24 heures, sans préjudice des dommages-intérêts qui pourront être exigés du propriétaire de ces animaux pour les dégâts commis.

12. Le propriétaire d'un animal mis en fourrière doit le réclamer dans le délai de huit jours, passés lesquels l'animal est vendu ou abattu.

Celui qui retire un animal mis en fourrière, ne serait-ce qu'un chien, est appelé à payer au moins 1 franc par jour de nourriture.

13. Tout individu qui sera convaincu d'avoir fait périr par le poison des animaux domestiques et les poissons des étangs et réservoirs, pourra être condamné à un emprisonnement de un an à 5 ans et à une amende de 16 à 300 francs.

14. Celui qui tue sur son terrain, et sans nécessité absolue, un animal appartenant à autrui pourra être condamné à la restitution de la valeur de l'animal et plus à un emprisonnement de dix jours à un mois.

Si le délit a eu lieu sur le terrain du propriétaire de l'animal, l'emprisonnement pourra être porté de deux ans à six mois.

15. Le conducteur de voiture qui maltraite méchamment ses animaux peut être condamné à une amende de 5 à 15 fr. et à un emprisonnement de un à 5 jours.

16. Tout propriétaire d'un animal soupçonné d'être infecté de maladie contagieuse est obligé de le tenir renfermé et d'en avertir sur-le-champ le maire de sa commune, qui en ordonnera l'abattage, s'il y a lieu.

17. Le corps d'un animal mort d'une maladie contagieuse doit être enfoui à 100 mètres au moins des maisons d'habitation et à 2 mètres 66 de profondeur.

Si l'animal n'est pas mort des suites d'une maladie contagieuse, il suffit de l'enfouir à 1 mètre 33.

18. Vices rédhibitoires. — Les vices que l'on est tenu de déclarer dans les ventes et échanges d'animaux, sont :

1° Pour le cheval, l'âne ou le mulet : la fluxion périodique des yeux, le farcin (tumeur), les maladies anciennes de poitrine, le mal caduc, l'immobilité (difficulté de reculer), la pousse (essoufflement, respiration gênée), la morve (écoulement par les naseaux), le cornage chronique (tache blanche aux yeux), le tic (habitude vicieuse), les hernies inguinales intermittentes (hernies n'apparaissant qu'à certains moments), la boiterie intermittente (par moment) ;

2° Pour l'espèce bovine : la phthisie pulmonaire (toux sèche), le mal caduc, les suites de la non-délivrance, le renversement du vagin ou de l'utérus (matrice) après le part ;

3° Pour les moutons : la clavelée (pustules, boutons contagieux), et le sang de rate.

19. L'acheteur a, pour la fluxion périodique des yeux et le mal caduc, trente jours pour actionner le vendeur en dommages-intérêts et l'obliger à reprendre l'animal vendu et 9 jours pour les autres cas, non compris le jour de la livraison. A cet effet, l'acheteur doit faire désigner deux experts par le maire de sa commune, lesquels dressent procès-verbal pour être transmis au Juge de paix qui, à son tour, nomme un ou trois experts pour constater les faits dans le plus bref délai.

20. Si, depuis le moment de la livraison, le vendeur prouve que l'animal malade a été mis en contact avec des animaux atteints de maladie contagieuse, il est dispensé de toute garantie.

21. (Art. 1645 du Code civil.) Si le vendeur connaissait les vices de la chose, il est tenu, outre la restitution du prix qu'il en a reçu, de tous les dommages et intérêts envers l'acheteur. (Cet article se rapporte à toutes sortes de choses ayant des défauts *cachés.*)

(Art. 1646.) Si le vendeur prouve qu'il ignorait les vices de la chose, il n'est tenu qu'à la restitution du prix et à rembourser à l'acquéreur les frais occasionnés par la vente.

Pêche. — Chasse.

1. Pêche. — La pêche du poisson est interdite du 15 avril au 15 juin de chaque année. Celle de la grenouille, du 1er janvier au 15 avril.

2. Tout délit de pêche se juge en police correctionnelle et est puni d'une amende de 30 à 200 francs.

3. Celui qui, hors de son domicile, est trouvé porteur d'instruments de pêche, en temps prohibé, peut être condamné à une amende pouvant être portée à 20 francs, plus confiscation des engins de pêche.

4. Tout individu qui aura jeté dans les eaux des drogues pouvant enivrer ou faire périr le poisson, sera puni d'une amende de 30 à 300 francs et d'un emprisonnement d'un mois à 3 mois.

5. Tout pêcheur qui est trouvé porteur de poissons n'ayant pas les dimensions déterminées par les règlements, est puni d'une amende de 20 à 50 fr.

6. La pêche dans toutes les rivières non flottables ni navigables, appartient exclusivement aux propriétaires riverains, chacun en droit de soi. Ils sont libres de la louer.

7. Chasse. — Tout individu qui veut chasser doit être muni d'un permis de chasse dont la demande doit être faite au Préfet, sur papier timbré, et remise au Maire avec une quittance de 28 francs, coût du permis, délivrée par le Percepteur. Le tout est adressé à la Préfecture avec le signalement de la personne qui sollicite un permis.

8. Les permis de chasse peuvent être refusés : 1° aux personnes qui ne sont pas inscrites au rôle des contributions ; 2° à celui qui a subi une condamnation de six mois pour rébellion ou violence envers les agents de la force publique ; 3° aux mineurs de moins de 16 ans ; 4° aux mineurs de 16 à 21 ans, si la demande n'est pas faite par leur père, mère ou tuteur ; 5° aux gardes champêtres ; 6° aux interdits ; 7° à ceux qui à la suite de condamnations sont privés de leurs droits civils et politiques.

9. Tout propriétaire peut chasser en tout temps dans son propre clos, sans permis de chasse, pourvu que le clos soit attenant à sa maison d'habitation et entouré d'une clôture empêchant toute communication avec les propriétés voisines.

10. Les permis de chasse ne sont pas nécessaires aux propriétaires et fermiers pour détruire en tout temps, sur leurs terres, les animaux malfaisants ou nuisibles.

11. Tout propriétaire peut interdire la chasse à autrui sur son terrain.

12. La chasse aux petits oiseaux ne doit se faire qu'à l'aide du fusil. La chasse de nuit est interdite.

13. La recherche du gibier vendu en temps prohibé est permise chez les aubergistes, restaurateurs, maîtres d'hôtel et chez les marchands de comestibles.

14. Pénalités. — Sont punis d'une amende de 16 à 100 fr. :

1° Ceux qui ont chassé sans permis de chasse ;

2° Ceux qui, quoique munis d'un permis de chasse, ont chassé sur le terrain d'autrui, contre la défense du propriétaire ;

3° Ceux qui ont pris ou détruit sur le terrain d'autrui des œufs, ou couvées de perdrix, de faisans ou de cailles.

15. Ceux qui sont convaincus d'avoir chassé pendant la nuit ou en temps prohibé ; ceux qui en temps prohibé ont vendu, acheté ou transporté du gibier, sont punis d'une amende de 50 à 200 francs et peuvent être condamnés à un emprisonnement de 6 jours à 2 mois.

Gendarmerie. — Visites domiciliaires. — Gardes.

1. Gendarmerie. — Les fonctions de la gendarmerie sont :

1° De recueillir et prendre tous les renseignements possibles sur les crimes et délits publics ; 2° de rechercher et poursuivre les malfaiteurs ; 3° de saisir toute personne surprise en flagrant délit ; 4° de saisir tout dévastateur des bois, des récoltes ; 5° de saisir tout criminel ; 6° de surveiller les mendiants et gens sans aveu ; 7° d'arrêter ceux qui par im-

12

prudence, par négligence, par la rapidité de leurs chevaux auront blessé quelqu'un sur les routes ; 8° de faire la police sur les grandes routes, d'y maintenir les communications, etc., etc.

2. Tout voyageur est tenu d'exhiber ses passe-ports lorsque la gendarmerie les lui demande.

3. Tout hôtelier et aubergiste est tenu de communiquer ses registres lorsqu'il en est requis.

4. La maison de chaque citoyen étant un asile inviolable pendant la nuit, la gendarmerie ne peut y entrer que dans les cas d'incendie, d'inondation ou de réclamations venant de l'intérieur de la maison.

5. Visites domiciliaires. — La gendarmerie, non plus que tout autre agent de la force publique, ne peut faire aucune visite dans la maison d'un citoyen où elle soupçonnerait qu'un coupable s'est réfugié sans un mandat spécial de perquisition, mais elle pourra investir la maison, ou la garder à vue en attendant l'expédition du mandat.

6. La gendarmerie ne peut pénétrer dans les maisons, qui ne sont pas établissements publics, avant six heures du matin et après six heures du soir du 1er octobre au 31 mars, et avant quatre heures du matin, ni après neuf heures du soir du 1er avril au 30 septembre.

7. Tout officier de justice ou de police qui s'introduirait dans le domicile d'un citoyen, hors les cas prévus par la loi, peut être condamné à une amende de 16 à 200 fr.

8. Gardes. — Aussitôt qu'un garde-champêtre a reçu sa commission, il doit se présenter sans retard devant le juge de paix du canton pour y prêter serment. L'acte de prestation de serment doit être présenté au maire dans les dix jours, sous peine de révocation. Le maire y met son *visa*.

9. Le garde-champêtre a droit à son traitement à partir du jour que son acte de prestation de serment a été visé par le maire.

10. Tout garde-champêtre, aux termes de la loi, est res-

ponsable des dommages faits aux propriétaires et fermiers, quand les délits, qui y ont donné lieu, n'ont pas été constatés au maire ou à la gendarmerie. Ils sont encore responsables si, faute par eux d'avoir affirmé leurs procès-verbaux dans les délais voulus, les poursuites n'ont pu avoir lieu contre les délinquants.

11. Chaque garde-champêtre est tenu d'avoir un registre coté et paraphé par le maire, pour y inscrire journellement les rapports qu'il a dressés.

12. Les gardes-champêtres sont obligés de rechercher les délits et de dresser des procès-verbaux indiquant la nature de ces délits. Ils doivent suivre les objets volés, sans toutefois qu'ils puissent s'introduire dans les maisons, autrement qu'en présence du maire.

13. Ils doivent arrêter les individus surpris en flagrant délit de vol, de maraudage, de pêche, de chasse, etc., et les conduire devant le maire. Ils doivent veiller à ce qu'il ne soit causé aucun dommage aux récoltes et constater par des procès-verbaux tous délits s'y rapportant.

Des répartiteurs. — Des assurances. — Des anticipations de terrain. — Des alignements.

1. Des répartiteurs. — Les répartiteurs sont au nombre de sept et nommés pour un an. Ils sont chargés, avec le concours du contrôleur, de la répartition des contributions foncière, personnelle et mobilière et des portes et fenêtres.

Ils sont appelés à donner leur avis sur les demandes en décharge ou réduction.

2. On ne peut refuser les fonctions de répartiteur que si l'on se trouve dans l'un des cas suivants : 1° infirmités graves ; 2° entreprise d'un voyage qui ne peut se renvoyer ;

3° service militaire ; 4° être domicilié à plus de 20 kilomètres de la commune ; 5° se trouver dans sa 60e année.

3. Assurances. — S'assurer c'est remplir un devoir commandé par la prudence. Le raisonnement le plus simple fait comprendre à l'homme sensé qu'il ne doit pas laisser exposé aux caprices du hasard, ce qui constitue parfois tout son avoir. Qu'on se hâte donc de garantir ses maisons, ses récoltes, son mobilier et l'on aura travaillé dans son propre intérêt.

4. S'il vous survient un sinistre, choisissez-vous un expert qui s'y connaisse, qui soit juste dans ses appréciations et vous serez sûr d'avoir un règlement avantageux.

5. Des anticipations de terrain. — Lorsque le voisin a anticipé peu à peu et d'une manière lente et pour ainsi dire méconnaissable, on peut se faire rendre le terrain usurpé, en l'appelant devant le juge de paix, bien qu'il se soit écoulé plus d'un an depuis le commencement de l'usurpation.

Mais si l'usurpation a été chaque année très visible, vous ne pouvez agir contre l'usurpateur, s'il s'est passé une année depuis l'usurpation, que devant le tribunal civil ; ce cas n'étant pas de la compétence du juge de paix.

6. Alignement. — Toutes les fois que l'on veut construire sur les bords des routes, à l'extrême limite de sa propriété, on doit faire une demande d'alignement, sous peine de 300 fr. d'amende et de la démolition des ouvrages faits.

7. L'alignement doit être demandé au Préfet lorsqu'il s'agit de construire sur les bords des grandes routes, et au maire, si c'est sur le bord des chemins vicinaux ou sur une rue ou une place publique.

8. S'il s'agit de plantation le long des routes, on doit demander l'alignement jusqu'à six mètres en reculement.

Postes.

1. Outre les lettres et les cartes postales, on peut envoyer par la poste : 1° les papiers d'affaires ; 2° les imprimés et jour-

naux de toutes sortes ; 3° les échantillons de marchandises d'un petit volume; 4° les matières d'or et d'argent, bijoux, pierres précieuses, etc.

2. On peut encore envoyer par la poste, dans toutes les parties de la France et à l'étranger, des valeurs en espèces, en billets de banque, en billets au porteur, etc.

3. Une caisse d'épargne postale ayant été fondée sous la garantie de l'Etat on peut également confier à la poste ses épargnes. Les versements ne peuvent être inférieurs à 50 centimes ni supérieurs à 2,000 fr.

Secours.

1. L'Etat distribue chaque année des secours aux personnes qui ont subi des pertes causées par la grêle, par des incendies désastreux, des inondations, des épizooties.

2. Si la demande de secours est relative à des pertes de bestiaux, elle doit être accompagnée d'un certificat du vétérinaire du lieu, où sont indiqués les causes, la nature et le montant de la perte.

3. Si les pertes ont été occasionnées par un incendie, il faut joindre à la demande de secours : 1° un certificat du maire constatant la position et les charges de famille du sinistré ; 2° un extrait du rôle des contributions payées par le dit sinistré.

4. Si c'est une perte de récoltes occasionnée par la grêle, le sinistré doit en avertir le maire de sa commune qui doit adresser la réclamation à la préfecture le jour même du sinistre ou le lendemain.

Chemins de fer. — Carrières. — Chiens.

1. Chemins de fer. — Toute construction ou mur de clôture ne peut être établi à moins de 2 mètres de distance d'un chemin de fer.

2. Si un chemin de fer se trouve à plus de 3 mètres au-dessus du niveau du sol, on ne peut faire des fouilles et creuser qu'à une distance égale à la hauteur du remblai sur lequel le chemin de fer se trouve établi.

3. On ne peut établir des dépôts de pierre ou autres matières non inflammables à une distance moindre de 5 mètres du chemin de fer. Si les matières sont inflammables, tels que de la paille, du foin, des machines à vapeur, des couvertures en chaume, etc., la distance doit être de 20 mètres.

4. Toute contravention aux dispositions qui précèdent est punie d'une amende de 16 à 300 francs.

5. Quiconque aura, par imprudence ou maladresse, causé sur un chemin de fer un accident suivi de blessure, sera puni de 8 à 10 mois d'emprisonnement et d'une amende de 50 à 1,000 francs. Si l'accident a causé la mort d'une ou de plusieurs personnes, la condamnation sera de 6 mois à 5 ans, et l'amende de 300 à 3,000 francs.

6. Tout individu qui aura volontairement dérangé la voie ou placé sur les rails des objets pouvant faire obstacle à la circulation, sera puni de la réclusion. S'il y a eu mort de personnes, le coupable sera puni de mort. S'il n'y a eu que des blessures ou contusions, il sera condamné à la peine des travaux forcés à temps.

7. Il est défendu : 1° De se promener sur la voie ; 2° d'y jeter aucun objet ; 3° d'y faire stationner ou circuler une voiture ; 3° d'y laisser pénétrer les bestiaux ; 4° de passer d'une voiture dans une autre lorsque le train est en marche et de se pencher au dehors ; 5° de descendre avant l'arrêt du train.

8. L'entrée des voitures peut être refusée à celui qui est en état d'ivresse ou qui est porteur d'armes à feu chargées ou de paquet d'un volume pouvant gêner les voyageurs.

9. Aucun chien n'est admis dans les voitures des voyageurs s'il n'est muselé et renfermé dans une caisse spéciale fournie par la Compagnie.

10. Carrières. — Il est interdit d'ouvrir une carrière à ciel ouvert ou souterraine à moins de 60 mètres de distance des édifices publics ou des arbres plantés le long des grandes routes.

11. Dans toute carrière à ciel ouvert, la terre doit être coupée par banquettes ou avec des talus suffisants pour empêcher l'éboulement des terres.

12. Il est défendu d'extraire du sable ou autres matériaux à moins de douze mètres des rivières navigables.

13. Tout entrepreneur de travaux publics peut, avec l'autorisation de la Préfecture, prendre dans les propriétés particulières tout le sable et la pierre qui lui sont nécessaires. Cependant il ne peut faire des fouilles dans les propriétés closes, attenantes à une maison d'habitation, ou closes de murs.

14. Les propriétaires dans les terrains desquels on a extrait des matériaux, gravier, pierre ou sable, ont droit à une indemnité. Si les fouilles ont déprécié le terrain au point de vue de sa valeur vénale, le propriétaire dudit terrain a droit à une seconde indemnité de ce côté.

15. Chiens. — Tout individu qui ne retient pas son chien ou l'excite lorsqu'il attaque ou poursuit les passants, peut être condamné à une amende de 6 à 10 fr.

16. Il n'est pas permis de tuer un chien lorsqu'il n'est pas atteint de la rage.

17. Un chien qui s'introduit dans une maison ne peut être tué par le propriétaire de la maison qu'autant qu'il est surpris à y commettre des dégâts sérieux.

Abeilles. — Trésor et objets trouvés. — Charivari. — Jeu et pari. — Glanage.

1. Abeilles. — L'essaim d'abeilles trouvé dans le creux d'un arbre est à celui qui le découvre. Si l'on cause des dommages à l'arbre pour s'en emparer, on doit une indemnité au propriétaire de l'arbre.

2. Le propriétaire d'un essaim quittant la ruche a le droit de le réclamer tant qu'il n'a pas cessé de le suivre. Il doit demander la permission de pénétrer sur le terrain d'autrui pour s'en emparer.

3. S'il a cessé de suivre l'essaim et qu'une autre personne le remplace, l'essaim appartiendra à cette dernière.

4. Quand un essaim est trouvé, n'étant suivi de personne, il appartient à celui sur le terrain duquel il s'est fixé.

4 *bis*. Trésor. — Le propriétaire qui trouve un trésor dans son fonds ou dans sa maison est seul propriétaire du trésor.

5. S'il a été trouvé dans le fonds ou dans la maison d'autrui, il appartient pour une moitié à celui qui l'a découvert et pour l'autre moitié au propriétaire du fonds.

6. Si, plusieurs ouvriers travaillant ensemble, l'un d'eux découvre un trésor, il a seul droit à la moitié dudit trésor ; l'autre moitié appartient de droit au propriétaire du fonds, comme nous venons de le dire.

7. Objets trouvés. — Les objets trouvés doivent être rendus au propriétaire qui les a perdus, s'il est connu, sous peine d'amende. Si le propriétaire est inconnu, ils doivent être déposés à la Mairie du lieu, et si au bout d'un an et un jour ils ne sont pas réclamés, ils appartiennent à celui qui les a trouvés.

8. Charivari. — Le charivari est défendu sous peine d'une amende de 11 à 15 fr., et, selon les cas, d'un emprisonnement qui peut être porté à 5 jours.

9. Jeu et pari. — On ne peut exercer aucune poursuite pour des dettes de jeu et des paris. Font exception, le payement des paris se rapportant à des courses à pied, à cheval ou en voiture, ou à certains exercices qui tiennent à l'adresse et à l'exercice du corps. Cependant si la somme pariée était excessive, le tribunal pourrait rejeter la demande de payement.

10. Glanage. — Le propriétaire qui a enlevé sa récolte est tenu de laisser le glanage de son champ libre. Il ne doit y

conduire ses bestiaux que deux jours après l'enlèvement de la récolte, sous peine d'une amende de 1 à 5 fr. C'est à MM. les Maires à faire constater ces sortes de délits par les gardes. S'il y a récidive, le délinquant peut être condamné à 3 jours de prison.

11. Les glaneurs ne doivent entrer dans les champs qu'après l'entier enlèvement de la récolte, et n'y pénétrer ni avant le lever ni après le coucher du soleil.

Meuniers. — Bouchers.

1. Meuniers. — L'usage a réglé jusqu'à ce jour les droits de mouture prélevés en nature. Quoi qu'il en soit, tout particulier a le droit de poursuivre en dommages-intérêts, devant les tribunaux, tout meunier infidèle.

On sait que 16 décalitres de blé rendent environ 17 décalitres de farine. Au moyen de ces données, il est facile de se rendre compte de l'exigence et de l'infidélité des meuniers. Ils n'ont aucun droit d'*évolage*.

2. Bouchers. — Il est défendu aux bouchers d'acheter des génisses au-dessous de l'âge de dix semaines et des vaches au-dessus de dix ans pour les tuer, sous peine de confiscation, de 300 fr. d'amende et d'interdiction de leur état.

3. Leur étal doit avoir au moins deux mètres et demi de hauteur sur trois et demi de large. Les eaux sales ne doivent être vidées que pendant la nuit.

4. La tuerie ne doit pas être placée à proximité des maisons d'habitation, et il leur est interdit de tuer des animaux malades de maladies contagieuses et de débiter des animaux morts d'une maladie quelconque.

Instruments d'agriculture. — Etangs. — Lait. — Oiseaux. — Arbres fruitiers. — Pigeons.

1. Instruments d'agriculture. — Quiconque vole des instruments d'agriculture et des récoltes dans les champs, est puni de la peine de la réclusion.

2. Celui qui détruit lesdits instruments peut être puni d'un emprisonnement d'un mois à un an.

3. Etangs. — Les conseils municipaux peuvent demander la destruction d'un étang, occasionnant par la stagnation de ses eaux des maladies épidémiques, ou causant des inondations préjudiciables aux propriétés inférieures.

4. Lait. — Il est défendu aux personnes vendant du lait de vendre du lait écrémé ou mélangé avec de l'eau, sous peine de deux cents francs d'amende.

5. Oiseaux. — Il est défendu de détruire les nids des petits oiseaux et de prendre les œufs des cailles, perdrix et faisans, sous peine de cent francs d'amende pour la première fois et du double pour la seconde.

6. Arbres fruitiers. — Un fermier qui a planté des arbres fruitiers dans la propriété qu'il cultive, ne peut les enlever que s'ils sont propres à être transplantés, sinon ils font partie de la propriété.

7. Pigeons. — Les pigeons doivent être renfermés dans un colombier au moment de la maturité des récoltes ; dans ce temps ils sont regardés comme gibier et chacun peut les tuer sur son terrain ; mais dans ce moment seulement.

8. Les pigeons qui passent dans un autre colombier, appartiennent au propriétaire du colombier, pourvu qu'ils n'aient point été attirés par fraude et artifice.

Décès. — Inhumation.

1. Décès. — Tout décès doit être déclaré à la mairie du lieu par deux témoins qui doivent être, autant que possible, les deux plus proches parents ou voisins de la personne décédée. La déclaration doit être faite dans les 24 heures du décès.

2. Inhumation. — L'inhumation d'une personne morte de maladie naturelle ne peut avoir lieu que 24 heures après son décès. Si elle meurt de mort violente ou de mort subite, le délai est de 48 heures.

3. Transport d'un cadavre d'un lieu a un autre. — Pour le transport d'un cadavre d'une commune à une autre, dans le même département, l'autorisation préfectorale est nécessaire. Si le transport doit avoir lieu d'un département dans un autre, l'autorisation doit être sollicitée du ministre de l'intérieur.

4. Toute demande de transport doit être écrite sur papier timbré et accompagnée d'un extrait de l'acte de décès ; d'un certificat de médecin constatant l'état du cadavre ; de l'avis du maire de la commune où le décès a eu lieu, et du consentement à l'inhumation délivré par le maire de la commune où le cadavre doit être enterré.

Bourses et Pensions de retraite.

1. Bourse. — On appelle bourse la pension payée par l'Etat, le département ou la commune pour l'entretien et l'instruction d'un élève dans les écoles du gouvernement.

2. Les bourses se donnent, au concours, aux élèves les plus méritants et les plus dignes d'intérêt par leur position de famille.

3. Les jeunes gens qui veulent concourir à l'obtention d'une bourse doivent se faire inscrire dans les délais fixés, lesquels sont portés chaque année à la connaissance du public par la voie des affiches ou des journaux.

4. Pensions ou retraites. — La pension de retraite est acquise à un fonctionnaire public à soixante ans d'âge et après 25 ans de service. Elle est calculée sur la moyenne des traitements touchés pendant les six dernières années et ne peut excéder les trois quarts du traitement moyen.

5. La veuve d'un fonctionnaire public a droit au tiers de la pension qu'avait son mari, si le mariage a été contracté six ans avant la cessation des fonctions du mari.

6. La veuve d'un militaire en retraite a également droit à une pension. Elle doit en faire la demande et fournir à l'appui les pièces suivantes : 1° acte de naissance ; 2° acte de décès du mari ; 3° acte de mariage ; 4° copie des états de service du mari ; 5° certificat du maire constatant qu'il n'y a pas eu séparation de corps et que la veuve jouit de ses droits civils.

CHAPITRE LV

Partage des successions. — Articles supplémentaires.

1. 1er Exemple. — *Pierre* a été marié en 1re noce à *Julie*, de laquelle il a eu deux enfants : *Paul* et *Jacques* ; et en seconde noce à *Louise*, de laquelle il a eu *Etienne*. Or, son fils *Paul* meurt sans enfants, laissant 60,000 fr. de fortune. Le partage devra avoir lieu ainsi :

Pierre père aura droit au quart de la succession, soit à..................................	15.000 fr.
Jacques, comme frère de père et de mère, aura droit à la moitié du reste, soit 22,500 fr., plus à la moitié des 22,500 fr., restant ou 11,250 fr., soit en tout..	33.750 »
Etienne comme frère de père seulement, aura le reste ou 11,250 fr.. ci..........................	11.250 »
Total de la succession........	60.000 fr.

2. 2e Exemple. — *Louis* a été marié en première noce à *Mélanie*, de laquelle il a eu *Joseph*, et en seconde noce à *Julie*, de laquelle il a eu *Jean* et *Luc*. *Louis* meurt, et *Julie* sa veuve se remarie en seconde noce à *Jacques*, duquel elle a *Théophile*. Supposons que *Jean* fils de *Julie* et de *Louis* son premier mari vienne à mourir sans enfants, laissant une fortune évaluée à 24,000 fr., sa succession devra être partagée ainsi :

La mère aura le quart, soit 6,000 fr.

Les 18,000 fr. restants devront être partagés par moitié entre la ligne paternelle et la ligne maternelle, ce qui donne 9,000 fr. pour chaque ligne.

Luc, comme frère de père et de mère, aura à lui seul deux parts, c'est-à-dire part dans les deux lignes, soit 9,000 fr. *Joseph* aura la moitié de 9,000 fr., soit 4,500 fr., et *Théophile* également 4,500 fr.

3e Exemple. — *Jacques* a eu trois enfants morts avant lui, savoir : *Louise, Marc* et *Marie*. *Louise* a laissé un enfant, *Nicolas* ; *Marc* en a laissé deux : *Denis* et *Julie* ; *Marie* en a laissé un, *Albert*. *Denis*, fils de Marc et petit-fils de Jacques, meurt, laissant *Victor* pour enfant. *Albert*, fils de *Marie* et également petit-fils de *Jacques*, meurt aussi avant ce dernier, laissant pour enfant *Marguerite*. De sorte qu'à la mort de *Jacques* il n'y a plus de vivants que *Nicolas*, son petit-fils du côté de sa fille *Louise* ; *Julie*, sa petite-fille du côté de son fils *Marc* ; *Victor*, fils de *Denis*, son arrière-petit-fils, et *Marguerite* son arrière-petite-fille, fille d'*Albert*, son petit-fils. La succession de *Jacques* devra être partagée de la manière suivante entre ses petits-enfants :

Elle sera divisée en trois parties égales, comme si *Louise*, *Marc* et *Marie*, ses enfants, fussent vivants. *Nicolas*, petit-fils de Jacques, aura un tiers ; *Marguerite*, arrière-petite-fille, aura aussi un tiers ; le troisième tiers sera partagé entre *Julie*, parente au 2e degré, et *Victor*, parent au 3e degré, comme descendant tous les deux de *Marc*, fils de Jacques.

4e Exemple. — *Pierre* a été marié en premières noces à *Julie*, de laquelle il a eu *Paul* et *Jacques*, et en secondes noces à *Louise*, de laquelle il a eu *Etienne*. Son fils *Paul* meurt laissant une succession évaluée à 24,000 fr. Elle devra être partagée ainsi : *Pierre*, père, aura droit à un quart, soit à 6,000 fr. Si sa femme était vivante il aurait droit avec elle à la moitié.

Jacques, comme frère de père et de mère de *Paul*, aura part dans la ligne paternelle d'abord et ensuite dans la ligne maternelle comme représentant sa mère *Julie*, décédée, également mère de *Paul* son frère. *Jacques* aura donc d'abord la moitié des 18,000 fr. restants du côté maternel, plus sa moitié du reste du côté paternel, soit 4,500 fr., en tout 13,500 fr. *Etienne* n'aura droit qu'aux 4,500 fr. restants, parce qu'il n'est que frère de père avec *Paul* décédé.

EXPLICATION

DE CERTAINS TERMES

DE DROIT ET DE JURISPRUDENCE

Absence. — Synonyme de disparu. — Personne dont on n'a aucune nouvelle depuis un certain temps.

Acceptation. — Action d'accepter une succession.

Action. — Poursuites en justice. *Intenter une action à quelqu'un.* Exercer des poursuites contre lui.

Adultère. — Infidélité de la femme ou du mari.

Ab intestat. — Qui n'a pas fait de testament. *Il est mort ab intestat.*

Accession. — *Droit d'accession.* Droit qu'a tout propriétaire d'une chose mobilière ou immobilière sur tout ce qu'elle produit et sur tout ce qui s'y unit accessoirement.

Accessoire. — Qui se rattache à une chose principale. Détails particuliers.

Aliment. — Qui concerne la nourriture.

Arbitres. — Juges-experts choisis par les parties pour prononcer sur un différend.

Arrérages. — Rentes viagères, revenus.

Ampliation. — Grosse d'un acte délivré sur une grosse originale.

Annexes. — Se dit des pièces jointes à un acte.

Antichrèse. — Contrat par lequel un débiteur remet une chose immobilière à son créancier pour sûreté de sa dette.

Atermoiement. — Délai accordé à un commerçant en état de faillite pour désintéresser ses créanciers.

Authentique. — *Acte authentique.* Qui a été fait par un notaire ou tout autre officier public, tels que juge de paix, maire, etc.

Assignation. — Citation à comparaître en justice.

Ascendants. — On appelle ainsi les parents dont on descend.

Actif. — Tout ce que possède une personne en espèces, meubles, immeubles et marchandises.

Bilan. — Etat de l'actif et du passif d'un commerçant en faillite.

Billet simple. — Billet qui ne peut être mis en circulation, c'est-à-dire qui ne peut être négocié.

Billet à ordre. — Qui peut être négocié.

Billet au porteur. — Billet portant promesse de payer une certaine somme à celui qui en sera porteur.

Blanc-seing. — Signature donnée d'avance sur une feuille blanche.

Caduc. — Legs caduc, qui n'a pu avoir lieu.

Cour de cassation. — Cour de justice à Paris où les jugements rendus contrairement aux prescriptions de la loi sont cassés.

Cession. — Action de céder ses droits.

Cheptel. — Fonds de bétail donné à garder, à nourrir et à soigner, moyennant certaines redevances.

Collatérale. — Ligne *collatérale :* suite des degrés de parenté entre personnes qui ne descendent pas les unes des autres, mais qui descendent d'un auteur commun.

Compromis. — Acte par lequel les parties prennent des engagements réciproques en vue d'une affaire.

Concordat. — Traité entre un failli et ses créanciers.

Conjoint. — Se dit de l'un ou de l'autre des époux.

Consanguin. — *Frère consanguin* : qui n'est frère que de père.

Croît des animaux.—Leurs produits par reproduction.

Communauté légale. — Se dit de la communauté entre époux qui n'ont pas fait de contrat de mariage.

Communauté conventionnelle. — C'est celle dont les parties règlent à leur gré les conditions par contrat de mariage.

Contrat aléatoire. — Se dit d'une convention donles effets dépendent d'un événement incertain.

Contre-lettre. — Deuxième acte destiné à rester secret pendant quelque temps, modifiant les clauses d'un acte prét cédent.

Curateur. — Personne choisie par un Conseil de famille ou par la justice, et dont les fonctions principales sont de veiller à la bonne administration des biens d'un mineur par le tuteur.

Droits civils. — Droit de posséder, de disposer, de recevoir, de transmettre, de succéder, d'adopter, d'être tuteur, témoin, etc., etc.

Descendants. — On appelle ainsi ceux qui sont issus de quelqu'un. Les enfants, les petits-enfants, etc., de Pierre, sont ses descendants.

Discussion (bénéfice de). — Droit qu'a la caution de suspendre les poursuites dirigées contre elle, en demandant au tribunal que les biens du débiteur principal soient préalablement saisis.

Emancipation. — Se dit de certains droits accordés à un mineur.

Escompte. — Retenue faite par un banquier sur le montant d'un effet à ordre à lui remis contre espèces.

Endossement. — Signature qu'on met au dos d'un billet pour le passer à l'ordre de quelqu'un.

Ester en justice. — Plaider, comparaître en justice.

Expédition. — Copie authentique d'un acte devant notaire.

Filiation naturelle. — Descendance de père en fils en ligne directe.

13

Grosse. — On appelle ainsi la copie de la minute par un notaire.

Germain. — *Frères germains*, frères de père et de mère ; *cousins germains*, enfants des deux frères ou des sœurs.

Hérédité. — Droit de succession.

Imputation de payement. — Déduction d'une somme sur une autre.

Inaliénable. — Ce qui ne peut être ni saisi ni vendu.

Indivis. — Qui n'est pas partagé.

Inceste. — Commerce illicite entre parents au degré prohibé.

Incorporel. — On appelle ainsi tous les droits qui peuvent être cédés.

Indigne. — On appelle ainsi celui qui, à raison de sa conduite envers le défunt, ne peut lui succéder.

Insaisissable. — Qui ne peut être saisi.

Inscription de faux. — Action en justice pour prouver que tel ou tel acte, réputé authentique, est un acte frauduleux.

Inventaire (bénéfice d'). — Privilège accordé par la loi à un héritier de ne payer les dettes de la succession que jusqu'à concurrence des biens qu'il a reçus.

Journal. — On appelle ainsi le registre sur lequel tout commerçant est tenu d'inscrire, jour par jour, ce qu'il a acheté ou vendu.

Legs. — Don fait par testament.

Légataire. — On appelle ainsi celui à qui il est fait un legs.

Légataire à titre universel. — On appelle ainsi celui à qui échoit une succession par testament et qui est tenu de désintéresser divers héritiers de la manière qu'il est dit dans le testament.

Lésion. — Préjudice causé à un héritier dans un partage.

Licitation. — Action de faire vendre aux enchères un bien indivis.

Litigieux. — Tout ce qui est sujet à contestation. *Droits litigieux*, qui peuvent être contestés.

Locatives (réparations). — Qui doivent être faites par le locataire.

Mineur. — Qui n'est pas émancipé ou qui n'a pas ses 21 ans.

Mort civile. — Etat de celui qui est retranché de la société et privé de tous ses droits civils.

Mystique. — On appelle ainsi les testaments secrets.

Naturel (enfant). — Qui est issu de père et de mère non mariés.

Nantissement. — Acte par lequel un débiteur remet une chose à son créancier pour sûreté de la dette.

Novation. — Changement d'une obligation en une autre. Exemple : Je dois à Pierre ; vous vous engagez à le payer à ma place, et en conséquence il me tient quitte. Il y a là changement de débiteur, et dès lors *novation*, puisque vous avez pris ma place et que je suis libéré.

Opposition aux jugements. — Action d'en appeler d'un jugement rendu par défaut, c'est-à-dire, lorsque cité à comparaître, on n'a pas paru.

Paraphernaux. — Biens appartenant à la femme et dont elle conserve l'administration par contrat de mariage.

Paternel. — Du côté du père. *Biens paternels.*

Paternité. — Qualité de père.

Participation. — Avoir part à la chose.

Passif. — Ce qui est dû. Le passif d'une succession comprend les dettes de la succession.

Pétitoire. — Action par laquelle on revendique, devant les tribunaux, la propriété d'un immeuble ou d'une partie d'immeuble usurpé par un autre.

Possessoir. — Action par laquelle celui qui possède un immeuble à titre non *précaire* (pas par tolérance) et depuis une année au moins, étant troublé dans sa possession, demande en justice de paix à y être maintenu ou rétabli.

Préciput. — Prélèvement sur une succession en faveur d'un héritier, avant tout partage.

Preneur. — Qui accepte la chose en fait de louage. Celui qui a loué un immeuble d'un autre est le *preneur*.

Privilège. — Droit de préférence.

Prohibé. — Ce qui est défendu par les lois.

Prorogation. — Action de prolonger. *Prorogation de bail.*

Protêt. — Premiers frais faits pour le paiement d'un billet à ordre.

Quotité disponible. — Somme disponible.

Rachat ou réméré. — Faculté qu'on s'est réservée de reprendre des immeubles vendus après un délai déterminé, en rendant la somme qu'on a reçue et les frais faits.

Retraite. — Nouvelle lettre de change ou traite que tire sur le tireur ou les endosseurs le possesseur d'une lettre de change ou traite restée impayée.

Reconduction. — On appelle *Reconduction* ou *tacite reconduction,* le cas ou le preneur est laissé en possession des immeubles à la fin de son bail, sans nouvelles *conventions écrites.*

Réhabilitation. — Action de rétablir quelqu'un dans ses droits civils et politiques, lorsqu'il en a été privé par jugement.

Syndic. — Celui qui est élu pour prendre soin, dans une faillite, des intérêts des créanciers (ceux à qui il est dû).

Solidaire. — Qui se fait caution.

Soulte. — Retour en espèces, dans un partage.

Synallagmatique. — On appelle ainsi tous actes sous-seings privés où des engagements réciproques sont stipulés.

Testimonial. — On appelle ainsi les preuves par témoins.

Tiers. — Se dit d'une 3e personne impliquée dans une affaire ou qui y est intéressée.

Tireur. — Celui qui lance une traite ou lettre de change.

Tiré. — Celui qui a ordre de payer à présentation d'une traite ou lettre de change.

Unilatéral. — On appelle ainsi l'acte où une seule des parties contractantes est engagée, comme un billet.

Utérin. — *Frères utérins,* c'est-à-dire de mère seulement.

Verbal. — *Conventions verbales,* faites sans écrit.

Viager. — Qui est accordé pour la vie. *Rente viagère.*

Vices apparents. — Défauts qui apparaissent à simple vue.

TABLE DES MATIÈRES

CONTENUES DANS L'OUVRAGE

A — Pages.

Arbre................ 20-186
Actes sous seings privés.. 79
Absents ou disparus..... 90
Appel 100
Apprentissage.......... 138
Armée................. 159
Avoués................ 166
Agents-voyers.......... 168
Animaux............... 173
Assurances 180
Anticipations de terrains . 180
Alignement 180
Abeilles 183
Agriculture 186

B

Biens des personnes disparues 90
Bail à loyer et à ferme ... 102
Billets et traites 130
Boissons............... 150
Bouchers............... 185
Biens communaux....... 168
Bourses............... 188

C

Clôtures 6
Constructions........... 21
Chemins ruraux 33
Chemins sentiers 34
Chemins vicinaux 35
Contrat de mariage 48
Communauté........... 50
Conseil de famille....... 59
Conventions............ 83
Cour d'appel 100
Cour de cassation........ 101
Commerce 123
Créances privilégiées..... 128
Cautionnement 135
Contributions 145

Pages.

Conducteurs des Ponts-et-Chaussées... 168
Conseil municipal........ 168
Conseil de fabrique....... 169
Curés.................. 170
Chasse................. 176
Chemin de fer.......... 181
Carrières.............. 183
Chiens 183
Charivari.............. 184

D

Donations pour mariage .. 49
Donations entre-vifs..... 79
Domestiques 112
Dépôt 140
Décès 187

E

Eaux 8
Egouts................. 15
Enfants trouvés......... 37
Enfants adoptés 37
Enfants reconnus........ 40
Emancipation........... 58
Expropriation........... 122
Enregistrement......... 153
Ecoles. Enseignement 157
Etangs................. 186

F

Fossés................. 18
Frais.................. 101
Faillites............... 126
Faux-témoignage......... 144

G

Greffier................ 166
Gendarmerie............ 177
Gardes................ 178
Glanage 184

H	Pages.
Haies	18
Hypothèques	91
Huissiers	167

I	
Inventaires	60
Instituteurs	164
Inhumation	187

J	
Jours dans les construct.	16
Jouissance	72
Juges de paix	96
Jeu et pari	184

L	
Livres de commerce	125
Lait	186

M	
Mitoyenneté	21
Mariage	42
Marchés	134
Médecins	167
Meuniers	185

N	
Naissances	37
Notaires	171

O	
Officiers de santé	167
Objets trouvés	184
Oiseaux	173

P	
Passages	6-13
Prestations	35
Partages	69
Procédures	96
Procuration	136
Preuves	141
Patentes	149
Prescription	152
Percepteurs	165
Pêche	175
Postes	180
Pigeons	186
Pensions	188

S	
Servitudes	1-28
Séparation de biens	52
Séparation de corps	54
Successions	61-188
Scellés	68
Sous seings privés	79
Saisie mobilière	115
Saisie exécution	117
Saisie brandon	119
Saisie revendication	119
Saisie immobilière	120
Secours en cas de pertes	181

T	
Tutelle	55
Tuteur	57
Testaments	75
Témoins	141
Trésors	184

U	
Usufruit	172

V	
Vues et jours	16
Vente	84
Vente à réméré	88
Vente par licitation	88
Voitures	172
Vices rédhibitoires	174
Visites domiciliaires	178

Bourg, imp. Authier et Barbier. 317—83

www.ingramcontent.com/pod-product-compliance
Ingram Content Group UK Ltd.
Pitfield, Milton Keynes, MK11 3LW, UK
UKHW021139260726
13994UKWH00001B/216